Eiscreme

Eliq Maranik

Eiscreme

KÖSTLICHE KREATIONEN FÜR JEDEN GESCHMACK

h.f.ullmann

INHALT

DIE GESCHICHTE DER EISCREME

Der Mensch isst schon seit sehr langer Zeit Eis. Darauf deutet eine Quelle hin, die etwa 5000 Jahre alt ist. Demnach wollte ein chinesischer Herrscher nicht immer nur lauwarmes Wasser trinken – er befahl seinem Gefolge, Eis und Schnee aus den Bergen zu holen. Damit konnten die Getränke gekühlt werden, und zudem hatte der kaiserliche Koch eine geniale Idee: Er gab ein paar Beeren und etwas Büffelmilch unter die Schneemasse – und schon war die erste Eiscreme erfunden.

So lautet einer der unzähligen Mythen, die sich um die Geschichte der Eiscreme ranken. Eigentlich weiß man wenig darüber, wo und wann das erste Speiseeis hergestellt wurde. Alexander der Große soll gern Eis und Schnee mit Honig und Nektar aromatisiert gegessen haben. Und in der Bibel steht, dass König Salomon vor allem im Sommer Eisgetränke sehr schätzte.

Vermutlich hat das Eis, besser gesagt das Sorbet, denn darum handelte es sich anfangs, seinen Ursprung tatsächlich in China. In der Antike verbreitete es sich dann in der westlichen Welt, da man lernte, durch den »endothermen Effekt« mittels Salz den Gefrierpunkt von Wasser zu senken. Arabische Kaufleute konnten so das Eis auf Kamelen durch Wüsten und über Bergpässe mit sich führen, durch Indien und Persien transportieren, um es schließlich nach Griechenland zu bringen.

Erste Hinweise auf die gefrorene Köstlichkeit finden sich in der Literatur der Antike bei dem griechischen Dichter Simonides (etwa 500 v. Chr.). Gut hundert Jahre später schrieb Hippokrates, der Vater der Heilkunde, dass Fruchtsaft, mit Schnee gekühlt, »die Lebensgeister weckt und das Wohlbefinden steigert – sogar bei Krankheit«.

In der Antike entwickelten Griechen und Perser die Idee weiter und experimentierten mit verschiedenen Zutaten und Aromen, wie Traubensaft, Safran und Rosenwasser. Für Kaiser Nero sollen Sklaven jeden Tag Eis aus dem Apennin nach Rom gebracht haben. Und das alles nur, um die Nachfrage nach Eis zu befriedigen!

Allmählich verbreitete sich das Genussmittel im gesamten Vorderen Orient, und es soll um Christi Geburt bereits äußerst beliebt gewesen sein.

EIN EIS FÜR EIN KÖNIGREICH

Mit dem Fall des Römischen Reiches scheint der Siegeszug der Eiscreme ein jähes Ende genommen zu haben. Erst im 14. Jahrhundert wird Europa dann wieder vom Eis-Fieber erfasst – das soll Marco Polo zu verdanken sein, der auf seiner Entdeckungsreise Ende des 13. Jahrhunderts vom Mongolenherrscher Kublai Khan zu einem sorbetähnlichen Dessert eingeladen wurde. Marco Polo soll das Rezept heimlich entwendet und das Eisdessert nach seiner Rückkehr in Italien als Neuheit wieder eingeführt haben.

Welchen Anteil Marco Polo auch immer an dieser Entdeckung hatte, das Sorbet kam wieder in Mode, und seit dem 14. Jahrhundert ist Italien führend in der Herstellung von Speiseeis.

Anfangs galt Eiscreme als ausgesprochener Luxus und wurde nur in gehobenen Schichten verspeist. Katharina von Medici aus Florenz war weithin berühmt für ihre imposanten Einladungen zu Eisköstlichkeiten auf goldenen Tellern. Das Rezept, bestehend aus Milch, Eiern, Gelatine und Zucker, wurde an einem geheimen Ort aufbewahrt und streng bewacht.

Zu dieser Zeit glich Eis jedoch noch eher einem Sorbet. Erst um 1660 soll ein italienischer Zuckerbäcker die echte Eiscreme entwickelt haben. Auf der Basis von Sahne oder sehr fetthaltiger Milch wurde die Konsistenz des Eises geschmeidiger und bekam einen noch luxuriöseren Charakter.

Durch die in Frankreich ansässigen Italiener verbreitete sich diese Eisversion auch dort schnell. Ludwig XIV. soll verrückt danach gewesen sein und ließ es bevorzugt als Dessert bei Diners im Schloss servieren. Sein Koch Vatel war der Schöpfer des klassischen Vanille- und Schokoladeneises.

Die königliche Vorliebe steckte an. So eröffnete Ende des 17. Jahrhunderts der Sizilianer Francesco Procopio dei Coltelli in Paris das erste Eiscafé. Adelige und Intellektuelle schätzten das Café Procope, in dem auch Rousseau, Voltaire und Diderot verkehrten. Auf einer Dessertkarte aus dem späten 18. Jahrhundert konnte man unter achtzig verschiedenen Eiscremesorten wählen. Sie wurden auf Basis von Milch, Sahne, Butter und Eiern hergestellt.

In England führte der französische Koch von Karl I. im 17. Jahrhundert die Eiscreme ein. Der »gefrorene Schnee« soll den König so beeindruckt haben, dass er dem Koch eine lebenslange Pension anbot, wenn er das Rezept geheim halten würde. 1649 wurde der König hingerichtet – und das Rezept bekannt.

Als während der Französischen Revolution große Teile des Adels in andere europäische Länder flohen, führten sie ihr neues Lieblingsdessert mit sich im Gepäck. Dadurch fand es weitere Verbreitung und Wertschätzung. Der Trend wurde schnell von Restaurants und Cafés aufgegriffen, und Anfang des 19. Jahrhunderts verkaufte man Eis in großen Mengen in ganz Europa.

DAS EIS KOMMT IN FAHRT

Als die Herrscher im 19. Jahrhundert allmählich verschwanden, zogen die europäischen Immigranten mit ihrer Vorliebe für Eiscreme westwärts. Und die Amerikaner waren begeistert von Eiscreme. Im Jahr 1816 wurde es in den USA über Nacht bekannt, als eine Dame bei einem Dinner im Weißen Haus verzweifelt aufschrie, dass man sie mit dem Eisdessert vergiften wollte. Doch vermutlich war sie nur so überrascht von der neuen Speise, die gleichzeitig eiskalt und süß war. Nach dieser Episode, die für Schlagzeilen im ganzen Land sorgte, stieg die Nachfrage nach Eis explosionsartig.

1846 erfand die Amerikanerin Nancy Johnson eine Eismaschine mit Handkurbel – eine Konstruktion, mit deren Hilfe man das Eis schneller gefrieren konnte und mit der es glatt und cremig wurde. Seit dieser Erfindung war es möglich, große Mengen Eis für längere Zeit zu lagern. Damit fand es in den USA Eingang ins Zeitalter der Industrialisierung.

1874 wurde Ice Cream Soda auf den Markt gebracht – eine Kreation aus einigen Kugeln Eis in einem Glas Limonade. Einige Jahre später wurde Ice Cream Sundae erfunden, der langlebige und unglaublich beliebte Eisbecher. Man übergoss das Eis mit Schokoladensauce und setzte eine Sahnehaube darauf. Dieses Dessert wurde bevorzugt sonntags gegessen (daher auch der Name), und es ersetzte Ice Cream Soda, das beim Trinken wenig manierlich klang, weil es geschlürft wurde.

DAS JAHRHUNDERT DER GEFRORENEN LECKEREIEN

Innerhalb von vierzig Jahren (1859–1899) stieg die Eisherstellung in Amerika von einer Million auf rund zwanzig Millionen Liter. Im 20. Jahrhundert erfuhr die Eiscreme einen regelrechten Boom in den USA, überall wurden Eisdielen eröffnet, und es entstand eine neue Kultur rund um das Speiseeis.

Eine Neuheit löste die nächste ab – dazu gehörte auch die Eistüte. Früher hatte man das Eis auf Tellern oder in Tassen serviert. Als 1904 auf der Weltausstellung in St. Louis so viel Eis verkauft wurde, dass das Geschirr ausging, sah sich der Eisverkäufer verzweifelt um und entdeckte, dass man am Stand nebenan Zalabia verkaufte – eine arabische Waffelspezialität. Der Eisverkäufer und der Waffelbäcker versuchten, sie zu einer Tüte umzuformen und eine Kugel Eis hineinzulegen. Damit war eine sensationelle Idee geboren!

Das Eis am Stiel entstand auf ähnliche Weise. Christian Nelson, ein dänischer Einwanderer und Süßwarenverkäufer in Iowa, kam angeblich auf diese Idee, als sich einer seiner Kunden nicht zwischen Milchschokolade und Eis entscheiden konnte. Nelson tauchte kurzerhand ein Stück Eis in die Schokolade und bezeichnete das Ganze als Eisriegel. Damit man diesen mit der Hand essen konnte, steckte er einen Stiel hinein.

DAS 20. JAHRHUNDERT

In der zweiten Hälfte des 20. Jahrhunderts stieg die Beliebtheit von Eiscreme in der ganzen Welt noch weiter, da in Geschäften und in Privathaushalten bessere Kühlmöglichkeiten zur Verfügung standen. Nun konnte man Eis kaufen (oder selbst machen) und es zu Hause bis zum Verzehr aufbewahren.

In ganz Europa und den USA schossen Eiscafés wie Pilze aus dem Boden, die Eis in Dutzenden von Geschmacksrichtungen anboten. Diese Cafés lieferten sich einen regelrechten Wettbewerb und beobachteten genau, wie viele verschiedene Eissorten die Konkurrenten anboten. Viele überraschten jeden Tag mit neuen Ideen!

SOFTEIS

Eine wichtige Neuerung im 20. Jahrhundert war die Einführung von Softeis. Der neue Eistyp, in den 1950er-Jahren von Forschern in Großbritannien entwickelt, wurde schnell bei den Konsumenten beliebt, weil viele die weichere Konsistenz schätzten. Der Reiz für die Eismacher bestand darin, dass das neue Herstellungsverfahren, das den Luftanteil in der Eismischung verdoppelte, zu einer Senkung der Produktionskosten führte. Zum besagten Forscherteam gehörte auch Margaret Thatcher, die spätere Premierministerin von Großbritannien und bekannt für ihre Sparsamkeit. Sie ermöglichte die Erfindung der Softeismaschine, bei der die Eistüte mithilfe einer Zapfvorrichtung gefüllt wird.

ZUSATZSTOFFE IM EIS

Im späten 20. Jahrhundert führten technologische Neuerungen zur Verwendung verschiedener Nahrungsmittelzusätze für Eiscremes. Neue Varianten wurden kreiert, wie Eis ohne Milcherzeugnisse für Konsumenten mit Laktoseintoleranz, oder zuckerfreie Eissorten für Diabetiker. Leider ersetzen manche Produzenten natürliche Zutaten durch künstliche Ersatzstoffe, um die Herstellungskosten zu senken. Heute ist es möglich, Eis zu kaufen, das ohne Zucker, Sahne und Milch hergestellt wurde. Stattdessen finden sich in Eiscreme häufig Zutaten wie Stabilisatoren, künstliche Süßstoffe, synthetische Aromen sowie Farbstoffe.

DIE RÜCKKEHR DER ALTEN EISSORTEN

In den 1980er-Jahren erlebten die traditionellen Eissorten eine Renaissance und wurden vom Handel als »Premium-Eis« bezeichnet. Die Nachfrage nach Qualitätseis nimmt weiter zu, und der Anspruch der Kunden steigt – wie schon in vergangenen Zeiten, als Eis noch aus natürlichen Grundzutaten wie Sahne, Milch, Eigelb und Zucker hergestellt und mit hochwertiger Schokolade, Nüssen und echten Früchten verfeinert wurde. Auch der Handel bietet mittlerweile qualitativ hochwertiges Eis, das nur aus biologisch erzeugten Grundstoffen besteht und ohne künstliche Zusätze hergestellt wird. Natürlich wird das Eis dadurch etwas teurer. Qualität hat eben ihren Preis! Lassen Sie sich dazu ermutigen, Ihr eigenes Eis herzustellen, das ist nicht nur günstiger, sondern bereitet zudem großes Vergnügen!

SELBST GEMACHTES EIS

HYGIENE

Eiscreme besteht aus Milcherzeugnissen und ist daher sehr anfällig für Bakterien. Die Hände sollten vor dem Eismachen stets gründlich mit Seife gewaschen und mit einem frischen Handtuch oder Papierhandtüchern abgetrocknet werden.

Auch alle Küchengeräte müssen sauber sein. Die Eismaschine sollte vor Gebrauch mit Spülmittel gereinigt, gründlich gespült und getrocknet werden. Achtung – der Eisbehälter darf nicht in die Spülmaschine!

Die vorbereitete Creme wird rasch im eiskalten Wasserbad – am besten mit Eiswürfeln – abgekühlt. Bei einer langsameren Vorgehensweise können sich Bakterien schnell ausbreiten. Die abgekühlte Creme sollte immer mit Folie abgedeckt werden, bevor man sie in den Kühlschrank stellt.

Das fertige Eis aus der Eismaschine füllt man in eine saubere Plastikbox und deckt diese mit Backpapier ab, um die Bildung von Eiskristallen an der Oberfläche zu verhindern. Das Papier sollte glatt gestrichen werden, damit keine Luftblasen entstehen, dann verschließt man die Box luftdicht.

VOR- UND ZUBEREITUNG, ABKÜHLEN UND GEFRIEREN

Die Herstellung von Eiscreme läuft in vier Arbeitsschritten ab: Vorbereitung, Zubereitung, Abkühlen und Gefrieren. Entsprechend sind alle Rezepte aufgebaut – mit Ausnahme von Stieleis, das einfacher in der Zubereitung ist.

»ROSEN«- UND HOLZLÖFFELPROBE

Grundlage für viele Milcheissorten ist eine Milch-Ei-Creme, die bis knapp unter dem Siedepunkt (75–85 °C) erhitzt wird. Wer kein Haushaltsthermometer hat, kann die Creme »zur Rose abziehen« oder anhand der Löffelprobe feststellen, ob die Masse dick genug ist.

Bei der »Rosenprobe« bläst man auf die Rückseite eines Kochlöffels, den man vorher in die Creme getaucht hat. Bilden sich dabei rosenartige Kringel, hat die Masse die richtige Konsistenz.

Bei der Holzlöffelprobe taucht man den Löffel in die Creme und zieht dann mit dem Finger eine Spur auf dem Löffelrücken. Fließt die Creme nicht auseinander, sondern bleibt stehen, ist sie fertig.

WENN DIE CREMEMASSE GERINNT

Sollte die Ei-Sahne-Mischung gerinnen, schlägt man die noch warme Flüssigkeit kurz im Mixer auf. Das ist oft hilfreich. Danach sollte alles durch ein feinmaschiges Sieb passiert werden, um etwaige Klümpchen zu vermeiden. Ganz wichtig ist, den Mixer nur bis zur Hälfte zu füllen, da der heiße Dampf den Deckel hochdrücken könnte.

AUFBEWAHRUNG

Die fertige Eiscreme muss sofort ins Tiefkühlfach, und dabei gilt die Devise: Je kälter, desto besser. Eine Gefriertemperatur von –18 °C oder kälter wäre ideal, weil dabei die Konsistenz und der Geschmack von Speiseeis am besten bewahrt bleiben.

Wiederholtes Auftauen und Einfrieren verschlechtert die Eisstruktur. Beim Antauen und Servieren schmelzen die Eiskristalle, und sie gefrieren, wenn die Masse erneut ins Tiefkühlfach kommt – nun allerdings mit viel größeren Kristallen. Das bewirkt, dass die Eiscreme körnig wird.

Speiseeis nimmt leicht den Geschmack anderer Lebensmittel an und wird durch Sauerstoffeinfluss beeinträchtigt – es wird transparent, und an der

Oberfläche bilden sich große Eiskristalle. Deshalb sollte es mit Backpapier abgedeckt werden, das etwas größer ist als der Deckel der Box.

Selbst gemachte Eiscreme aller Art enthält keine Konservierungsstoffe und sollte möglichst frisch verzehrt werden. Besonders Granités sind nur wenige Tage haltbar.

Granités und Wassereis mit Fruchtsaft oder Fruchtpüree schmecken am besten, wenn sie frisch zubereitet sind.

SERVIEREN

Eiscreme sollte 5–15 Minuten vor dem Verzehr aus dem Tiefkühlfach in den Kühlschrank gestellt werden, damit es geschmeidiger wird. (Die Zeit hängt von der Größe des Behältnisses und der Aufbewahrungstemperatur ab.) Lässt man Eiscreme kürzere Zeit bei Zimmertemperatur stehen, taut zwar die oberste Schicht an, aber der Kern bleibt hart. Außerdem wird sie dadurch nach erneutem Einfrieren körniger, wenn sie das nächste Mal aus dem Tiefkühlfach genommen wird.

EISPORTIONIERER

Richtige Temperatur. Die Idealtemperatur von Eis, das mit dem Portionierer angerichtet wird, beträgt –13 °C. Manche Sorten können auch kälter sein.

Handhabung. Es gibt verschiedene Arten von Portionierern; sie sollten stets mit der ganzen Hand, jedoch nicht zu weit vorn, gehalten werden.

Das Eis mit dem Portionierer mit einer fließenden Handbewegung abschaben. Beim Abtragen der Eiscreme sollten möglichst keine Vertiefungen in der Masse entstehen und die Oberfläche eben bleiben. Am Rand des Eisbehältnisses sollte kein Eis haften. Der Portionierer wird zwischendurch in Wasser getaucht, dann tupft man ihn auf Küchenkrepp ab und kann die nächste Kugel formen. Wenn Wasser in die Eiscreme kommt, bilden sich Eiskristalle. Damit die Eiskugel nicht schmilzt, sollte das Wasser kalt sein; zudem sollte es immer ganz klar sein.

Portionierer zwischen unterschiedlichen Eissorten säubern. Beim Wechsel zu einer anderen Geschmacksrichtung oder Farbe taucht man den Portionierer in kaltes Wasser und trocknet ihn mit einem sauberen Küchentuch oder Küchenkrepp ab.

Reinigung. Der Portionierer sollte sofort nach Gebrauch gereinigt werden. Dabei muss man beachten, dass manche nicht spülmaschinenfest sind!

ZUBEREITUNG MIT DER EISMASCHINE

Die Herstellung von Eiscreme in der Eismaschine geht einfach und sehr schnell (siehe Seite 25).

1. Grundmasse nach Rezept zubereiten.

2. Creme im Kühlschrank abkühlen lassen.

3. Die abgekühlte Creme nach Herstellerangaben in der Eismaschine gefrieren lassen.

4. Die fertige Eiscreme in eine gekühlte Plastikbox füllen. Die Oberfläche mit einem Löffel glätten und mit Backpapier abdecken. Das Papier glatt streichen, damit keine Luftblasen entstehen. Dann den Deckel daraufsetzen und die Box für mindestens 4 Stunden ins Tiefkühlfach stellen.

ZUBEREITUNG OHNE EISMASCHINE

Gute Eiscremes gelingen auch ohne Eismaschine, nur die Herstellung dauert etwas länger. Man braucht eine Edelstahlschüssel, eine luftdicht verschließbare Plastikbox, ein Handrührgerät oder einen Stabmixer, einen Holz- oder Plastiklöffel, Frischhaltefolie und Backpapier.

1. Die Edelstahlschüssel ins Tiefkühlfach stellen. Sie muss eiskalt sein, wenn die Cremernasse eingefüllt wird.

2. Die Grundmasse nach Rezept zubereiten.

3. Die abgekühlte Creme in die eisgekühlte Schüssel geben, mit Folie abdecken und für 1 Stunde ins Tiefkühlfach stellen.

4. Danach die Folie abnehmen und die Creme 1–2 Minuten mit dem Handmixer auf höchster Stufe aufschlagen, bis sie eine gleichmäßige Konsistenz hat. Die Oberfläche mit einem Löffel glatt streichen, das Eis wieder abdecken und ins Tiefkühlfach stellen. Dabei sollte man zügig arbeiten, weil die Masse sonst schmilzt.

5. Den Vorgang drei- bis viermal wiederholen, bis die Eismasse fest ist. Bei einem normalen Tiefkühlfach mit –18 °C genügt es, das Eis einmal pro Stunde aufzuschlagen, bei kälteren Temperaturen sollten die Zwischenräume kürzer sein.

6. Die fertige Eiscreme in eine gekühlte Plastikbox füllen. Die Oberfläche mit einem Löffel glätten und sorgfältig mit Backpapier abdecken. Dann den Deckel daraufsetzen und die Box für mindestens 4 Stunden ins Tiefkühlfach stellen.

EIS AM STIEL

Die Masse für Stieleis lässt sich einfach und schnell in der Eismaschine herstellen (siehe Seite 25).

1. Die Grundmasse nach Rezept herstellen.

2. Die Masse in die Eisformen füllen, die Stiele hineinstecken und die Formen für mindestens 6 Stunden ins Tiefkühlfach stellen, jedoch nicht länger als 1 Woche aufbewahren.

3. Das Eis lässt sich besser aus den Formen lösen, wenn man etwas warmes Wasser über die Formen laufen lässt und vorsichtig am Stiel dreht.

Am besten verwendet man fertige Eisformen mit den dazugehörigen Stielen. Dann hat man auch nicht das Problem, dass die Stiele schief stecken.

Es gibt ein großes Angebot an Stieleis-Formen in verschiedensten Formen und Farben, angefangen bei klassisch geraden Stielformen, bis hin zu Raketen-, Stern- und Herzformen. Abgesehen davon, kann man zum Beispiel auch kleine Backformen, Silkon-Cupcake-Formen, Papier- oder Plexiglasformen oder Ähnliches verwenden. Man sollte nur darauf achten, dass die Formen eine mundgerechte Größe haben.

Holz- oder Plastikstiele für Eisformen ohne Stiele sind im Haushaltswarengeschäft oder im Bastelbedarf erhältlich. Natürlich kann man auch die Stiele von gekauftem Eis aufheben und später wiederverwenden. Sie müssen dann allerdings vor Gebrauch gut gereinigt und getrocknet werden.

Es gibt zwei Tricks, damit die Stiele in separaten Eisformen gerade bleiben:

1. Die Grundmasse etwa 45 Minuten im Tiefkühlfach in den Formen fest werden lassen, die Masse sollte bereits zäh sein und einen harten Kern haben. Erst dann steckt man die Stiele hinein und kontrolliert nach einer Weile, ob sie gerade sitzen. Bevor die Eismasse ganz fest ist, können die Stiele noch zurechtgerückt werden.
2. Die Formen mit dem noch nicht ganz festen Eis mit einer doppelten Schicht Klarsichtfolie bedecken. Mit einem scharfen Messer an der entsprechenden Stelle vorsichtig ein Loch in die Folie stechen, das kleiner als der Stiel ist, und diesen dann in die Eismasse stecken.

EISTERRINEN/EISTORTEN

Eine Eisterrine oder Eistorte lässt sich leicht zubereiten. Man braucht mindestens zwei Sorten Eis, Backpapier und ein tiefes Backblech oder eine Plastikbox. Zwischen die einzelnen Schichten kann man Krokant, Nüsse, Schokolade oder andere Süßigkeiten geben. Auch das fertig gefrorene Eis lässt sich mit den oben genannten Leckereien garnieren. Zum Überziehen der Oberfläche eignet sich geschmolzene Schokolade, die zwar flüssig, aber möglichst kühl sein soll (hier ist es hilfreich, etwas Kokosfett/-öl unterzumischen, da dieses erst bei tieferen Temperaturen fest wird). Bei der Verzierung von Eisterrinen oder -torten kann man seiner Kreativität freien Lauf lassen!

1. Mindestens zwei Eissorten zubereiten.

2. Das Backpapier in das Backblech legen und an den Ecken einschneiden, damit man es dort überlappend legen kann und keine Falten entstehen. Dadurch verhindert man unschöne Ecken und Muster auf der Eisfläche.

3. Die erste Lage Eis auf dem Blech verteilen und mit Backpapier in der Größe des Bleches abdecken. Blech mindestens 1 Stunde in das Tiefkühlfach stellen.

4. Das Blech herausnehmen, das Deckpapier entfernen und die nächste Schicht auf dem Eis verteilen. Oberfläche glatt streichen und wieder mit Backpapier bedecken. Blech erneut mindestens 1 Stunde in das Tiefkühlfach stellen. Auf diese Weise kann man beliebig viele Schichten Eis übereinandersetzen.

5. Die letzte Schicht Eis mit Backpapier bedeckt mindestens 4 Stunden im Tiefkühlfach ruhen lassen.

6. Das Eis etwa 10 Minuten vor dem Servieren vom Tiefkühlfach in den Kühlschrank stellen. Das Deckpapier abnehmen, die Form auf eine Platte stürzen und das Backpapier vorsichtig ablösen. Das Eis mit gehackten Nüssen oder Ähnlichem bestreuen und nach Belieben mit frischen Beeren, Nüssen oder Schokoraspeln garnieren.

EIS-SANDWICHES

Eis-Sandwiches lassen sich aus jeder Eissorte und jeder Art von Keksen herstellen. Man braucht dazu nur eine Kugel Eis und zwei große Kekse, Makronen oder Waffeln. Wer möchte, kann etwas Fruchtkompott auf das Eis geben und dann den zweiten Keks daraufsetzen. Eine Variante wäre, das fertige Sandwich mit gehackten Nüssen oder geriebener Schokolade zu bestreuen oder eine Hälfte in Schokoladenkuvertüre zu tauchen.

Für sechs Sandwiches braucht man sechs Kugeln Eis und zwölf Kekse nach Wahl.

1. Sechs Kugeln Eis aus einer beliebigen Sorte in den Kühlschrank stellen, damit das Eis etwas antaut.

2. Das weiche Eis auf sechs Kekse verteilen.

3. Die restlichen Kekse als Deckel daraufsetzen.

4. Sandwiches für 30 Minuten in das Tiefkühlfach stellen, dann servieren. Übrig gebliebene Sandwiches in Folie wickeln, in eine verschließbare Plastikbox geben und in das Tiefkühlfach stellen.

BESTANDTEILE

MILCH, SAHNE UND ANDERE MILCHPRODUKTE

Milch und Sahne verleihen dem Eis eine cremige Konsistenz. Mit Milch wird das Eis kalorienärmer und luftiger, Sahne macht es fülliger und wesentlich kompakter. Für eine gute Eiscreme verwendet man am besten eine Mischung aus Milch und Sahne.

Handelsübliche Vollmilch hat einen Fettgehalt von etwa 3,5 Prozent, und Sahne weist mindestens 30 Prozent Fett auf. Für die Eiszubereitung sollte man am besten pasteurisierte Biomilch verwenden. Ungeeignet ist H-Milch oder Sahne mit besonders langer Haltbarkeit, da diese Produkte speziell behandelt sind.

Milch kann durch Joghurt, Sauerrahm, Crème fraîche, griechischen Joghurt, Frischkäse oder Sojajoghurt ersetzt werden, aber auch durch andere Milchersatzprodukte, wie Hafer-, Soja-, Mandel-, Reis-, Nuss- und Kokosmilch. Hier kann man ganz nach persönlichem Geschmack experimentieren!

EIER

Sie sind ein wichtiger Bestandteil jeder Eiscreme. Eier verbessern die Eisstruktur und sorgen für einen vollen, runden Geschmack. Außerdem binden sie Wasser. Das hat zur Folge, dass sich weniger Eiskristalle in der gefrorenen Creme bilden. Damit der Sahne-Ei-Mix eindickt, muss er vorsichtig bis knapp unter dem Siedepunkt erhitzt werden. Bei stärkerer Hitze oder zu heftigem Umrühren gerinnt das Eigelb. Es ist wichtig, die Masse auf mindestens 70 °C zu erhitzen, um etwaige Bakterien abzutöten. Die Rezepte im Buch basieren auf Eiern mit einem Gewicht von 63–73 Gramm (Größe L).

MAISSTÄRKE

Mithilfe von Maisstärke wird die Crememasse für das Eis fester, glatter und weniger körnig. Sie hat ungefähr den gleichen Effekt auf die Struktur des Eises wie Eier, beeinflusst aber den Geschmack nicht. Man kann die Maisstärke mit etwas kalter Milch anrühren. In einigen Rezepten wurden die Eigelbe durch Maisstärke ersetzt.

EISKRISTALLE

Die Größe und die Anzahl von Eiskristallen haben einen entscheidenden Einfluss auf die Struktur der Eiscreme. Kleine Kristalle ergeben eine cremige, glatte Konsistenz, große Kristalle eine gröbere.

LUFT

Die Luft, die beim Gefrieren unter das Eis gerührt wird, erhöht sein Volumen und ist die Voraussetzung für eine gute Beschaffenheit und die richtige Konsistenz. Ohne Luft würde das Eis zu einem harten Klumpen werden, den man unmöglich mit dem Löffel aus dem Behältnis brächte.

Bei industriell hergestelltem Eis wird das Volumen oft dadurch verdoppelt, dass man Luft mit einem Kompressor einbringt. Selbst hergestelltes Eis dagegen enthält meist nur 15–25 Prozent Luft.

ZUCKER UND ANDERE SÜSSMITTEL

Für einen ausgewogenen Eisgeschmack benötigt man Süßmittel, wie beispielsweise verschiedene Arten von Zucker, Honig, Glukosepulver, Sirup oder Fruktose. Dieser Fruchtzucker ist sehr süß, man braucht also nur kleinere Mengen davon. Die dunklen Zuckersorten bieten, im Gegensatz zum neutralen Haushaltszucker, oft interessantere Geschmacksnoten. Zucker sorgt dafür, dass das Eis seine Feuchtigkeit und Struktur bewahrt, und auch für eine längere Haltbarkeit. Je mehr Zucker, desto tiefere Temperaturen sind erforderlich, damit das Eis gefriert. Zu viel Zucker im Eis verhindert, dass es gefriert. Ist zu wenig Zucker im Eis enthalten, wird die Konsistenz zu hart.

WEISSZUCKER

Normaler Weißzucker süßt ohne Beigeschmack und ist deshalb die meistverwendete Zuckersorte bei der Eisherstellung. Er wird aus Zuckerrüben oder Zuckerrohr gewonnen und bekommt mittels einer Spezialbehandlung seine weiße Farbe. Diese Art von Zucker ist ideal im Eis, da die feinen Körner dafür sorgen, dass Luft in die Masse eindringen kann. Dadurch wird Eis luftig leicht und cremig.

PUDERZUCKER

Puderzucker ist sehr fein gemahlener Zucker. Er löst sich sofort auf, wenn er mit Flüssigkeit vermischt wird. Das ist perfekt für Eisgrundmasse, die weder erwärmt noch im Mixer geschlagen werden kann.

VANILLEZUCKER

Echter Vanillezucker wird aus Vanille-Extrakt und Weißzucker oder aus gemahlenen Vanilleschoten und Zucker hergestellt. Für die Eisherstellung sollte kein Vanillinzucker verwendet werden – dieser wird meist synthetisch gewonnen und als naturidentischer Aromastoff bezeichnet.
Es ist ganz einfach, Vanillezucker selbst zu machen (siehe Seite 21).

ROHZUCKER

Bei diesem braunen, nicht raffinierten Zucker aus Zuckerrüben oder -rohr sind die Zuckerkristalle nur zum Teil von der Melasse befreit. Je nach Sorte können Geschmack und Farbe variieren.

FARINZUCKER

Farinzucker ist braun und besteht aus feinen Zuckerkristallen und dunkelbraunem Rohrzuckersirup. Aufgrund seines aromatischen, kräftigen Geschmacks passt er weniger zu dezenten Eissorten, wie Vanille- oder Beereneis, sondern eher zu intensiveren Geschmacksrichtungen, wie Zimt-, Lebkuchen- oder Kardamomeis.

MUSCOVADO

Muscovado ist ein brauner, unraffinierter Rohzucker, der aus Zuckerrohr von der Insel Mauritius hergestellt wird. Er erinnert an Farinzucker, ist jedoch geschmacklich intensiver. Dunkler Muscovado hat einen deutlichen Einschlag von Lakritze, heller schmeckt nach Sahnebonbons. Muscovado kann durch Farinzucker ersetzt werden.

ZUCKERSIRUP

Sirup ist Zucker in flüssiger Form und wird aus dem Rohzucker von Zuckerrüben hergestellt.

HONIG

Honig ist das älteste Süßungsmittel der Welt. Sein Geschmack und seine Aromen hängen von der Blütenart ab, von der der Nektar stammt. Je dunkler der Honig, desto geschmacksintensiver ist er. Statt Honig eignet sich für die Eisherstellung auch Glukosepulver.

GLUKOSESIRUP

Glukosesirup ist eine klare, zähflüssige Zuckerlösung, die auch Maissirup oder Stärkesirup genannt wird. Sie wird aus Maisstärke, Reis, Weizen, Kartoffeln oder anderen stärkehaltigen Rohstoffen gewonnen. Wenn man der Eisgrundmasse Glukosesirup zugibt, wird sie weicher, geschmeidiger und weniger süß. Außerdem ist die Eiscreme im Tiefkühlfach länger haltbar. Statt Glukosesirup kann man auch Honig verwenden, er hat die gleiche Wirkung.

AROMEN

Es ist wichtig, zu wissen, wie die verschiedenen Zutaten die Struktur und Konsistenz des Eises beeinflussen. Gewürze, wie Vanille, Zimt und Kardamom, haben Einfluss auf den Geschmack, nicht aber auf die Konsistenz und Struktur – ganz im Gegensatz zu Früchten, Beeren, Schokolade und Alkohol.

VANILLE

VANILLESCHOTE. Sie ist die Kapselfrucht einer Kletterorchidee, die ursprünglich in Zentralamerika, heute überwiegend auf Madagaskar angebaut wird. Die grünen, frischen Kapselfrüchte haben nahezu keinen Geschmack. Dieser entwickelt sich erst durch einen langen und aufwendigen Fermentationsprozess. Dabei erhält die Schote ihre dunkelbraune Farbe und das charakteristische Aroma.

Vanilleschoten verleihen Eis einen köstlichen Geschmack: Dazu die Schote mit einem spitzen Messer längs aufschneiden. Das Mark mit einem Teelöffel herausschaben und mit der Schote in die Eisgrundmasse geben. Die Masse durch ein Sieb passieren, die zurückgebliebene Schote gründlich mit Wasser abspülen und gut trocken tupfen. Nachdem sie vollständig getrocknet ist, kann man Vanillezucker damit herstellen (siehe unten).

VANILLEZUCKER. Es empfiehlt sich, für die Eisherstellung nur echten Vanillezucker zu verwenden.

Man kann ihn selbst herstellen, was zudem noch günstiger ist. Für einen guten, lange haltbaren Vanillezucker braucht man eine Vanilleschote und 85 Gramm Zucker. Diesen füllt man in ein sauberes, trockenes Schraubglas und gibt die getrockneten, grob zerkleinerten Teile der Vanilleschote hinein. Das Ganze lässt man im verschlossenen Glas mindestens eine Woche stehen.

Wenn man einen Blitzhacker hat, kann man die Vanilleschote und den Zucker auch trocken zerkleinern, bis alles vollständig pulverisiert ist. Sollten noch größere Stücke der Vanilleschote zurückgeblieben sein, kann man das Ganze sieben und dann in ein Schraubglas füllen.

VANILLE-EXTRAKT. Echter Vanille-Extrakt besteht aus in Alkohol eingelegten Vanilleschoten. Er ist flüssig und kann alternativ für Vanilleschoten oder -zucker verwendet werden. Die Stärke des Geschmacks variiert je nach Hersteller. Auch hier gilt die Devise: Lieber etwas zu wenig als zu viel. Ein zu intensiver Geschmack von Vanille-Extrakt kann ein sonst gutes Eis zerstören. Auf keinen Fall sollte man dafür synthetische Vanille-Extrakte und -Aromen verwenden! Diese werden nur für minderwertige Eiscremes verwendet und hinterlassen einen künstlichen Nachgeschmack. Ein Blick auf die Inhaltsangabe verrät, ob es sich um einen Extrakt aus natürlichen Bestandteilen handelt.

Man kann aber auch ganz einfach eigenen Vanille-Extrakt machen: Dazu 2–3 Schoten einritzen, in kleinere Stücke schneiden, mit 100 Milliliter Wodka oder Rum übergießen und das Ganze in einem Schraubglas mindestens einen Monat stehen lassen. Der Vanillegeschmack ist allerdings nicht so intensiv wie bei handelsüblichem Extrakt.

SCHOKOLADE UND KAKAO

Schokolade zur Eisherstellung muss von guter Qualität sein; je besser sie ist, desto feiner das Eis. Milchschokolade sollte einen Kakaogehalt von mindestens 30 Prozent haben, Zartbitterschokolade mindestens 50 Prozent. Weiße Schokolade besteht aus Kakaobutter, Milchbestandteilen, Aroma und Zucker. Kakaopulver sollte immer ungezuckert und von bester Qualität sein. Nicht zu empfehlen ist Schokoladenpulver, das stark gesüßt ist und wenig Kakao enthält. Hochwertige Schokolade für eine gute Eiscreme ist meist etwas teurer.

FRÜCHTE UND BEEREN

Für Eis eignen sich alle Obstsorten. Möchte man eine Sorte verwenden, die es gerade nicht frisch gibt, sind tiefgefrorene Früchte und Beeren ideal. Sie sollten vor der Verarbeitung aufgetaut werden. Obst aus ökologischem Anbau schmeckt oft viel besser, ist dazu gesünder und sollte stets den Vorzug haben. Auch eingelegte und getrocknete Früchte und Beeren eignen sich für die Eisherstellung. Bei sehr süßen Früchten sollte man etwas weniger Zucker als angegeben verwenden.

Aus Früchten und Beeren lässt sich ganz leicht köstliches Stieleis zubereiten: Man macht einen Smoothie, gibt etwas Honig oder Puderzucker dazu und friert das Ganze in Stieleis-Formen ein.

SPIRITUOSEN

Creme- und Fruchtlikör, brauner Rum, Cognac, Calvados – all das sorgt im Eis, in Maßen verwendet, für einen überaus guten Geschmack. Sahne mildert allzu starken Alkoholgeschmack ab. Und nicht vergessen: Alkohol senkt den Gefrierpunkt der Eiscreme und beeinflusst deren Struktur und Konsistenz; die Eiskristalle lösen sich auf, und das Eis wird weicher. Man sollte nie mehr als 50 Milliliter 40%igen Alkohol in einer Eis- oder Sorbetmasse verwenden. Bei einer zu großen Menge an Alkohol gefriert das Eis überhaupt nicht. Besser ist es, ein Glas mit den entsprechenden Spirituosen zur fertigen Eiscreme zu servieren.

GEWÜRZE UND KRÄUTER

Zimt, Lebkuchengewürz oder Kardamom sind nur einige von vielen Gewürzen, die sich bestens zum Aromatisieren von Eiscreme eignen. Man kann zum Beispiel als Basis das Rezept für Vanilleeis verwenden und die Vanille durch ein anderes Gewürz ersetzen. Eine raffinierte Variante im Schokoladeneis wäre ein Hauch Cayennepfeffer. Auch frische Pfefferminze oder Zitronenmelisse harmoniert bestens mit Eis. Dazu die Kräuter unter die Eisgrundmasse rühren, alles 10 Minuten durchziehen lassen und anschließend durch ein Sieb passieren.

NÜSSE UND KERNE

Für Eiscreme eignen sich Nüsse und Kerne aller Art, wie Haselnüsse, Walnüsse, Mandeln, Pistazien, Macadamianusskerne und Kokosraspel. Man gibt etwa 60 Gramm gehackte Nüsse in die Eismaschine, wenn das Eis fertig gefroren ist, und lässt die Maschine noch kurz laufen, um die Nüsse unterzumischen. Diese können auch zuerst karamellisiert und dann unzerkleinert unter die Eismasse gegeben werden (siehe Rezept Seite 154).

ANDERE SÜSSE ZUGABEN

Nicht nur zerkleinerte oder grob gehackte Schokoriegel, -linsen, Zuckerstangen, Schokolade oder andere Süßigkeiten können unter das fertig gefrorene Eis gemischt werden. Auch Keks-, Brownie-, Marshmallow-, Baiser- oder Lebkuchenstückchen und andere Gebäckarten können das Eis bereichern. Hier sind Fantasie und neue Geschmackskombinationen gefragt!

GERÄTE UND ZUBEHÖR

EISMASCHINE

Die Zubereitung von Eiscreme in der Eismaschine ist unkompliziert. Für die Rezepte in diesem Buch sollte der Eisbehälter ein Fassungsvermögen von 1,2–1,5 Litern haben.

Die in das Behältnis eingefüllte Eisgrundmasse wird mithilfe eines Rührpaddels bewegt. Dieses schabt gleichzeitig das gefrorene Eis von den Gefäßwänden. Auf diese Weise bekommt die Eismasse eine gleichmäßige, feine Konsistenz. Zusätzlich wird ihr damit Luft zugeführt. Das bewirkt, dass sich ihr Volumen vergrößert und die Eiscreme geschmeidig und fester wird. Je nach Fabrikat dauert die Zubereitung zwischen 20 und 60 Minuten.

Da es verschiedene Typen von Eismaschinen gibt, sollte man genau den Anweisungen des Herstellers folgen. Deshalb ist es wichtig, sich eingehend darüber zu informieren, wie die Maschine zu handhaben ist, bevor man sie in Betrieb nimmt.

Es gibt zwei Arten von elektrischen Eismaschinen für den Einsatz in Haushalten, mit beiden lässt sich gutes Eis herstellen. Wenn man nicht vorhat, jeden Tag große Eismengen zu produzieren oder eine Eisdiele zu eröffnen, dann genügt die Variante mit der Schüssel, die vorab tiefgekühlt wird.

EISMASCHINE MIT GEFRIERBEHÄLTER. Dieser Typus hat eine doppelwandige abnehmbare Schüssel, die vorab für mindestens 24 Stunden ins Tiefkühlfach gestellt werden muss – der Effekt ist in etwa so wie bei einer Kaltkompresse. Dabei kann man jeweils nur eine Füllung herstellen, weil die Schüssel immer wieder neu gekühlt werden muss. Manche Maschinen werden mit zusätzlichen Schüsseln oder Kühlelementen angeboten. Bei ausreichend Platz im Tiefkühlfach lohnt es sich, eine Zusatzschüssel bereitzuhalten. Diese Eismaschinen sind wesentlich günstiger als die Modelle mit Kompressor, und auch mit ihnen gelingt eine ausgezeichnete Eiscreme.

EISMASCHINE MIT KOMPRESSOR. Dieser Typus hat eine integrierte Gefriervorrichtung, sodass man mehrere Eissorten hintereinander herstellen kann. Bei diesen Modellen sollte man auf eine abnehmbare, leicht zu säubernde Schüssel achten.

WEITERES ZUBEHÖR

BACKPAPIER. Ideal zum Abdecken der fertigen Eiscreme, wenn man die Box in das Tiefkühlfach stellt. Das Papier verhindert die Bildung von Eiskristallen an der Oberfläche. Diese können die Konsistenz und den Geschmack beeinträchtigen. Frischhaltefolie klebt leicht am Eis an. Eine Alternative wäre Butterbrotpapier.

SCHÜSSELN UND SCHALEN. Man braucht sie in verschiedenen Größen, um darin die Zutaten zu vermischen und die Eisgrundmasse herzustellen.

ZITRUSPRESSE. Damit lassen sich Orangen, Zitronen, Limetten oder Granatäpfel in größeren Mengen auspressen. Nach Gebrauch sofort reinigen, da angetrocknetes Fruchtfleisch schwer zu entfernen ist. Falls keine Presse zur Hand ist oder nur wenig Saft gebraucht wird, rollt man die Zitrusfrucht zuerst fest auf einer harten Unterlage und drückt sie dann mit der Hand aus.

HANDMIXER. Dieses Gerät ist wichtig zum Rühren von Cremes und zum Schlagen von Sahne.

EISPORTIONIERER. Er besteht aus sehr stabilem Material, damit er sich beim Portionieren von hartem Eis nicht verbiegt. Falls sich das Eis schwer aus der Masse lösen lässt, den Portionierer vor und zwischen dem Abstechen der Kugeln in kaltes Wasser tauchen (siehe Seite 14).

EISSTIELE. Für Eisformen ohne dazugehörige Stiele sind separate Holz- oder Plastikstiele im Haushalts- oder Bastelgeschäft erhältlich. Natürlich kann man auch die Stiele von gekauftem Eis aufbewahren. Diese vor Gebrauch gut reinigen und trocknen lassen (siehe Seite 15).

FORMEN FÜR STIELEIS. Vor allem im Sommer werden sie in verschiedensten Ausführungen und Größen in Sets mit vier, sechs oder acht Stück oder mehr angeboten (siehe Seite 15).

HAUSHALTSTHERMOMETER. Es ist sehr hilfreich, wenn man wissen will, wann eine Zubereitung die richtige Temperatur und Konsistenz erreicht hat. Wichtig dabei ist, den Topf vom Herd zu nehmen und vor dem Messen die Masse kurz umzurühren, da sie direkt am Topfboden immer wärmer ist.

TÖPFE. Man braucht sie in verschiedenen Größen, am besten mit dickem Boden. Große Töpfe fassen 3–4 Liter, mittlere 2–3 Liter und kleine 1–2 Liter.

MESSER. Große und kleine Messer werden zum Schneiden von Obst, Schokolade und anderen Zutaten benötigt.

STANDMIXER. Er kommt zum Einsatz, um Fruchtpüree herzustellen oder Nüsse, Schokolade, Kekse oder andere Süßigkeiten für den Eismix zu zerkleinern (nicht alle Mixer besitzen diese Funktion). Für die Zubereitung von Stieleis ist er unverzichtbar. Achtung: Vor Inbetriebnahme immer darauf achten, dass der Deckel am Rührbecher fest sitzt. Sonst könnte der gesamte Inhalt nach außen geschleudert werden.

MESSBECHER. Empfehlenswert ist ein Becher mit einem Fassungsvermögen von 0,5 Liter – am besten mit einem Ausgießer. Ein Messlöffelsatz mit den Maßen 100 ml, 15 ml (1 Esslöffel), 5 ml (1 Teelöffel) und 1 ml (1 Prise) erleichtert die Eisherstellung. Alle Trockenzutaten wie Zucker, Puderzucker, Maisstärke und Mehl können damit schnell abgemessen werden. Am besten die Oberfläche mit der Hand glatt streichen, damit das Maß exakt bis zum Rand gefüllt ist.

Abkürzungen:
EL = Esslöffel
TL = Teelöffel
ml = Milliliter
g = Gramm

FRISCHHALTEFOLIE. Sie dient zum Abdecken von Schüsseln und Schalen oder zum Einwickeln von fertigem Stieleis oder Eissandwiches.

PLASTIKBOXEN MIT DECKEL. Für die Rezepte im Buch sind Tiefkühlplastikboxen erforderlich, die ein Fassungsvermögen von mindestens einem Liter haben. Viereckige Boxen sind problemlos im Tiefkühlfach zu stapeln, und das Eis lässt sich daraus leicht mit dem Portionierer entnehmen.

SPARSCHÄLER. Damit kann man Mangos schälen oder dünne Limetten- oder Zitronenschalen abziehen. Wichtig: Alle Früchte müssen vor dem Schälen heiß abgewaschen und gut abgetrocknet werden, wenn die Schale verwendet wird. Mit dem Schäler lassen sich auch Garnierungen herstellen, wie Schokoladenlocken.

REIBE. Sie ist hilfreich, um etwa ein Stück frische Kokosnuss oder Schokolade zu reiben. Es gibt auch kleine Reiben mit Behältern. Sie sind leicht zu handhaben und einfach zu säubern.

EDELSTAHLSCHÜSSELN. Wer keine Eismaschine hat, braucht solche Schüsseln. Sie kühlen nämlich viel schneller ab als Plastikboxen und leiten die Kälte auch weiter.

SIEB. Wenn die Crememasse vor dem Gefrieren durch ein feinmaschiges Sieb passiert wird, können sich keine Klümpchen bilden. Macht man das Gleiche mit Fruchtpürees, wird verhindert, dass Schalenstücke, Kerne oder andere unerwünschte Teile ins Eis gelangen. Auch Orangen-, Zitronen- oder Limettensaft sollten passiert werden, um die bitteren Kerne auszusondern. Für Früchte mit hohem Säuregehalt eignen sich Kunststoffsiebe besser, da Metall den Geschmack beeinträchtigen könnte.

SCHNEIDBRETTER. Zum Schneiden von Früchten sollte man ein separates Brett haben, das man nur zu diesem Zweck verwendet. Nach Gebrauch sollte man es sofort reinigen, sonst könnte es sich verfärben oder Gerüche annehmen, auch Bakterien könnten sich vermehren. Außerdem empfiehlt sich ein kleines Brett zum Hacken von Schokolade, Vanilleschoten, Nüssen oder Keksen.

SCHÖPFLÖFFEL aus Holz oder hitzebeständigem Kunststoff. Sie werden nicht nur zum Umrühren der Crememasse im Topf benötigt, sondern auch, um die Masse in die Plastikbox zu füllen und die Oberfläche glatt zu streichen.

STABMIXER. Statt eines Standmixers kann man auch einen Stabmixer verwenden, oft ist er mit passendem Rührbecher erhältlich.

SCHNEEBESEN aus Edelstahl oder hitzebeständigem Kunststoff. Man braucht ihn, um die Zutaten für die Crememasse zu vermengen.

EISVERSIONEN

GRANITÉ

Granité, in Italien Granita genannt, ist eine gefrorene, gerührte, aromatisierte Zuckerlösung. Die Konsistenz ist gröber als die von Sorbet. Granité bereitet man nicht in der Eismaschine zu. Für die Grundmasse werden in der Regel Zucker, Beeren oder Früchte, Flüssigkeit und eine Aromazutat vermengt, die Masse in eine größere Tiefkühlbox gefüllt, im Tiefkühlfach gefroren und dabei regelmäßig umgerührt. Man kann als Flüssigkeit auch Champagner, Weißwein oder Fruchtsaft verwenden. Als Geschmacksstoffe eignen sich Gewürze, Kaffee, Chilischoten oder Zitrone. Granités sollten innerhalb weniger Tage verzehrt werden.

MILCHEIS UND SAHNEEIS

Die Grundzutaten für diese Eisart sind Zucker, Eigelb, Sahne und/oder Milch. Die Eismasse wird unter ständigem Rühren gefroren, damit eine möglichst cremige Konsistenz entsteht. Zwar gibt es immer noch traditionelle Eismacher, die ihre Produkte ohne künstliche Zusätze anbieten, aber der Großteil der Eiscremes, auch in Eisdielen, enthält oft industriell hergestellte Zutaten, wie konzentrierte entrahmte Milch, Pflanzenfette, Glukose- und Fruchtzuckersirup, Natrium-Carboxymethylcellulose, Mono- und Diglyceride von Fettsäuren, Sojalecithin, Molkenerzeugnis und Farbstoffe.

PARFAIT

Parfait hat eine ähnliche Konsistenz wie Mousse und enthält einen großen Anteil Sahne. Diese Eisart wird eingefroren, ohne umgerührt zu werden. Sie besteht aus Eigelb, Zucker, Schlagsahne und einer beliebigen Geschmackszutat. Das Wort »Parfait« kommt aus dem Französischen und bedeutet »perfekt«. In Italien wird Parfait als »semifreddo« bezeichnet – als »halb gefroren«.

WASSEREIS UND FRUCHTEIS

Wassereis besteht aus aromatisiertem Wasser. Industriell hergestelltes Fruchteis aus Fruchtsaft muss mindestens zehn Gramm Zitrusfrüchte oder 15 Gramm andere Früchte pro 100 Gramm Fertigprodukt enthalten. Im Unterschied zu Sorbet wird Wassereis nicht gerührt. Selbst gemachtes Wasser- oder Fruchteis eignet sich besonders gut zum Befüllen von Stieleis-Formen.

SORBET UND SHERBET

Sorbet, auch Sorbetto oder Sorbeto genannt, ist ein aus Frucht- oder Beerenpüree und Läuterzucker hergestelltes Eis. Manchmal fügt man noch Eiweiß hinzu. Ein Sorbet enthält keine Milch oder Sahne, manchmal jedoch Alkohol, da dieser die Temperatur für den Gefrierpunkt senkt und das Sorbet dadurch geschmeidiger wird. Sorbet wird, wie Milcheis, unter Rühren gefroren. Ansonsten bekäme man aufgrund des hohen Wassergehalts einen harten Eisblock.

Sherbet ist eine Sorbet-Variante, die neben Fruchtpüree und Läuterzucker auch Milch enthält.

JOGHURTEIS/FROZEN JOGURT

Joghurteis ist die schlankere Variante von Milcheis. Es besteht überwiegend aus Joghurt und schmeckt frischer und säuerlicher als das normale Milcheis. Diese Eisvariante hat vor allem in den USA eine große Popularität erlangt und ist auch hierzulande als *frozen yogurt* bekannt.

EISPROBE

Laden Sie doch einmal Freunde zur Eisprobe ein, und bereiten Sie 5–6 verschiedene Eissorten vor. Ähnlich wie bei einer Wein-, Whisky-, Olivenöl- oder Schokoladenverkostung, geht es natürlich auch hier um den gleichen hohen Anspruch, was die Rohprodukte betrifft. Ihre Geschmacksknospen können dabei wahre Entdeckungen machen und Sie zu einem neuen Eisfavoriten führen! Halten Sie das Ergebnis mit dem Geschmackstest-Protokoll fest. Viel Spaß!

WICHTIGE KRITERIEN BEIM TESTEN VON EIS:

1. Die Temperatur der Eiscreme darf nicht zu niedrig sein, etwa –13 °C sind optimal. Nehmen Sie das Eis 10–50 Minuten vor dem Servieren aus dem Tiefkühlfach, und stellen Sie es in den Kühlschrank.
2. Vermischen Sie nicht verschiedene Geschmacksrichtungen auf dem gleichen Teller.
3. Bieten Sie einen »Neutralisator« zwischen den verschiedenen Eissorten an, beispielsweise säuerliche Äpfel.
4. Eis ist viel mehr als nur ein Geschmackserlebnis. Vergessen Sie nicht, das Aussehen, den Duft und die Konsistenz zu beurteilen.
5. Wie soll das Eis serviert werden? Wozu genau soll diese spezielle Eissorte passen?

Eis	Aussehen	Geschmack	Konsistenz	Kommentare

VANILLEEIS

Für etwa 1,2 Liter Eiscreme

2 Vanilleschoten

400 g Sahne

400 ml Vollmilch

3 EL heller Honig oder Glukosepulver

6 Eigelbe

170 g Zucker

VORBEREITUNG: Die Vanilleschoten längs aufschneiden und das Mark herausschaben. Beides mit Sahne, Milch und Honig oder Glukosepulver in einen großen Topf geben. Eigelbe und Zucker in einer großen Rührschüssel schaumig schlagen.

ZUBEREITUNG: Die Sahne-Vanille-Mischung aufkochen lassen. Die noch warme Masse nach und nach zur Eicreme geben und gut verrühren. Masse in den Topf zurückgeben und bei mittlerer Hitze bis knapp unter dem Siedepunkt unter häufigem Rühren eindicken lassen. Die Creme darf nicht kochen, sonst gerinnt das Eigelb.

ABKÜHLEN: Die Creme im eiskalten Wasserbad abkühlen lassen und durch ein feinmaschiges Sieb in die Schüssel passieren. Creme mit Folie abdecken und 4–12 Stunden im Kühlschrank ruhen lassen. Danach die Creme mit dem Stabmixer aufschlagen.

GEFRIEREN: Die Masse in die Eismaschine füllen und cremig fest frieren lassen. Das Vanilleeis kann in noch cremiger Konsistenz sofort serviert werden. Ansonsten das Eis in eine Plastikbox füllen, mit Backpapier abdecken und das Papier glatt streichen, damit sich keine Blasen bilden. Dann das Eis in der luftdicht verschlossenen Box mindestens 4 Stunden im Tiefkühlfach fest werden lassen.

SERVIEREN: Das Eis etwa 15 Minuten vor dem Servieren aus dem Tiefkühlfach nehmen und in den Kühlschrank stellen, damit es leicht antaut und seinen Geschmack entfalten kann.

TIPP!
Mit den ausgekochten Vanilleschoten lässt sich Vanillezucker herstellen (siehe Seite 21).

VANILLEEIS OHNE EIER

Für etwa 1,2 Liter Eiscreme

2 EL Maisstärke

500 ml + 3 EL Vollmilch

1 Vanilleschote

300 g Sahne

170 g Zucker

3 EL heller Honig oder Glukosepulver

VORBEREITUNG: Die Maisstärke mit drei Esslöffel Milch in einer Schale gründlich verrühren, es dürfen keine Klümpchen entstehen. Die Vanilleschote längs aufschneiden und das Mark herausschaben. Beides mit Milch, Sahne, Zucker und Honig oder Glukosepulver in einen großen Topf mit dickem Boden geben.

ZUBEREITUNG: Die Sahne-Vanille-Mischung aufkochen, dann den Topf vom Herd nehmen. Die aufgelöste Maisstärke mit dem Schneebesen unter die heiße Masse geben und alles unter ständigem Rühren erneut aufkochen lassen, bis die Creme eindickt (das dauert etwa 1 Minute).

ABKÜHLEN: Die Creme im eiskalten Wasserbad abkühlen lassen und durch ein feinmaschiges Sieb passieren. Wird die Eiscreme nicht sofort zubereitet, die Schüssel mit Folie abgedeckt im Kühlschrank aufbewahren (höchstens 2 Tage).

GEFRIEREN: Die Masse in die Eismaschine geben und cremig fest frieren lassen. Das Vanilleeis kann in noch cremiger Konsistenz sofort serviert werden. Ansonsten das Eis in eine Plastikbox füllen, mit Backpapier abdecken und das Papier glatt streichen, damit sich keine Blasen bilden. Dann das Eis in der luftdicht verschlossenen Box mindestens 4 Stunden im Tiefkühlfach fest werden lassen.

SERVIEREN: Das Eis etwa 15 Minuten vor dem Servieren aus dem Tiefkühlfach nehmen und in den Kühlschrank stellen, damit es leicht antaut und seinen Geschmack entfalten kann.

TIPP!
Mit der ausgekochten Vanilleschote lässt sich Vanillezucker herstellen (siehe Rezept Seite 21).

VANILLE-JOGHURT-EIS

Für etwa 1 Liter Eiscreme

720 g Naturjoghurt (mindestens 3 % Fettgehalt)

1 Blatt weiße Gelatine (2 g)

2 Vanilleschoten

½ unbehandelte Zitrone

100 ml Wasser

170 g Zucker

3 EL heller Honig oder Glukosepulver

200 g Sahne

VORBEREITUNG: Das Eis bekommt eine besonders cremige Konsistenz, wenn man den Joghurt von der Molke trennt: Ein Sieb mit einem Seihtuch auslegen und auf eine große Schüssel setzen. Joghurt in das Sieb geben und mit Frischhaltefolie abdecken, mindestens 8 Stunden im Kühlschrank abtropfen lassen. Es bleiben etwa 540 Gramm Joghurt übrig. Das Gelatineblatt etwa 10 Minuten in kaltem Wasser einweichen. Die Vanilleschoten längs aufschneiden, das Mark herausschaben und beides in einen Topf mit dickem Boden geben. Die Zitrone waschen. Von der Schale dünne Streifen mit einem Sparschäler abziehen und diese in den Topf geben.

ZUBEREITUNG: Wasser im Topf angießen, Zucker und Honig oder Glukosepulver hinzufügen. Alles einmal aufkochen lassen, damit Läuterzucker entsteht (das dauert etwa 10 Minuten). Dann den Topf vom Herd nehmen, die Gelatine unter ständigem Rühren darin auflösen und den Läuterzucker 10 Minuten ziehen lassen.

ABKÜHLEN: Den Läuterzucker im eiskalten Wasserbad abkühlen lassen und durch ein Sieb in eine große Schüssel gießen. Sahne und Joghurt hinzufügen und mit dem Stabmixer unterrühren.

GEFRIEREN: Die Masse in die Eismaschine geben und cremig fest frieren lassen. Das Eis in eine Plastikbox geben, mit Backpapier abdecken und das Papier glatt streichen, damit sich keine Blasen bilden. Dann das Eis in der luftdicht verschlossenen Box mindestens 4 Stunden im Tiefkühlfach fest werden lassen.

SERVIEREN: Das Eis etwa 15 Minuten vor dem Servieren aus dem Tiefkühlfach nehmen und in den Kühlschrank stellen, damit es leicht antaut und seinen Geschmack entfalten kann.

VOLLMILCH-SCHOKOLADENEIS

Für etwa 1,2 Liter Eiscreme

300 g Vollmilchschokolade (mindestens 30 % Kakaogehalt)

1 Vanilleschote

350 g Sahne

450 ml Vollmilch

3 EL heller Honig oder Glukosepulver

5 Eigelbe

85 g Zucker

VORBEREITUNG: Die Schokolade fein hacken. Die Vanilleschote längs aufschneiden und das Mark herausschaben. Schote und Mark in einen großen Topf mit dickem Boden geben und Sahne, Milch und Honig oder Glukosepulver hinzufügen. Eigelbe und Zucker in einer großen Rührschüssel schaumig schlagen.

ZUBEREITUNG: Die Sahne-Vanille-Mischung aufkochen lassen. Die noch warme Sahnemischung nach und nach zur Eicreme geben und alles gut verrühren. Die Masse in den Topf zurückgeben und die Creme bei mittlerer Hitze bis knapp unter dem Siedepunkt unter häufigem Rühren eindicken lassen. Die Creme darf nicht kochen, sonst gerinnt das Eigelb. Die Schokolade mit dem Schneebesen unter die noch warme Creme mischen, bis sie vollständig geschmolzen ist.

ABKÜHLEN: Die Creme im eiskalten Wasserbad abkühlen lassen und durch ein feinmaschiges Sieb passieren. Mit Folie abgedeckt, 4–12 Stunden im Kühlschrank ruhen lassen. Danach die Creme kurz mit dem Stabmixer aufschlagen.

GEFRIEREN: Die Masse in die Eismaschine geben und cremig fest frieren lassen. Das Schokoladeneis kann in noch cremiger Konsistenz sofort serviert werden. Ansonsten das Eis in eine Plastikbox füllen, mit Backpapier abdecken und das Papier glatt streichen, damit sich keine Blasen bilden. Dann das Eis in der luftdicht verschlossenen Box mindestens 4 Stunden im Tiefkühlfach fest werden lassen.

SERVIEREN: Das Eis etwa 15 Minuten vor dem Servieren aus dem Tiefkühlfach nehmen und in den Kühlschrank stellen, damit es leicht antaut und seinen Geschmack entfalten kann.

TIPP!
Mit der ausgekochten Vanilleschote lässt sich Vanillezucker herstellen (siehe Rezept Seite 21).

ZARTBITTER-SCHOKOLADENEIS

Für etwa 1,2 Liter Eiscreme

250 g Zartbitterschokolade (mindestens 70 % Kakaogehalt)

1 Vanilleschote

400 g Sahne

400 ml Vollmilch

3 EL heller Honig oder Glukosepulver

5 Eigelbe

130 g Zucker

VORBEREITUNG: Die Schokolade fein hacken. Die Vanilleschote längs aufschneiden und das Mark herausschaben. Schote und Mark mit Sahne, Milch und Honig oder Glukosepulver in einen großen Topf mit dickem Boden geben. Eigelbe und Zucker in einer großen Rührschüssel schaumig schlagen.

ZUBEREITUNG: Die Sahne-Vanille-Mischung aufkochen lassen. Die noch warme Sahnemischung nach und nach zur Eicreme geben und alles gut verrühren. Die Masse in den Topf zurückgeben und die Creme bei mittlerer Hitze bis knapp unter dem Siedepunkt unter häufigem Rühren eindicken lassen. Die Creme darf nicht kochen, sonst gerinnt das Eigelb. Die Schokolade mit dem Schneebesen unter die noch warme Creme mischen, bis sie vollständig geschmolzen ist.

ABKÜHLEN: Die Creme im eiskalten Wasserbad abkühlen lassen und durch ein feinmaschiges Sieb passieren. Creme mit Folie abgedeckt 4–12 Stunden im Kühlschrank ruhen lassen. Danach die Creme kurz mit dem Stabmixer aufschlagen.

GEFRIEREN: Die Masse in die Eismaschine geben und cremig fest frieren lassen. Das Schokoladeneis kann in noch cremiger Konsistenz sofort serviert werden. Ansonsten das Eis in eine Plastikbox füllen, mit Backpapier abdecken und das Papier glatt streichen, damit sich keine Blasen bilden. Dann das Eis in der luftdicht verschlossenen Box mindestens 4 Stunden im Tiefkühlfach fest werden lassen.

SERVIEREN: Das Eis etwa 15 Minuten vor dem Servieren aus dem Tiefkühlfach nehmen und in den Kühlschrank stellen, damit es leicht antaut und seinen Geschmack entfalten kann.

TIPP!
Mit der ausgekochten Vanilleschote lässt sich Vanillezucker herstellen (siehe Rezept Seite 21).

SCHOKOLADENEIS OHNE EIER

Für etwa 1,2 Liter Eiscreme

250 g Zartbitterschokolade (mindestens 50 % Kakaogehalt)

2 EL Maisstärke

600 ml + 3 EL Vollmilch

300 g Sahne

85 g Zucker

3 EL heller Honig oder Glukosepulver

VORBEREITUNG: Die Schokolade fein hacken. Die Maisstärke mit drei Esslöffel Milch in einer Schale gründlich verrühren, es dürfen keine Klümpchen entstehen.

ZUBEREITUNG: Sahne, Zucker, Milch und Honig oder Glukosepulver in einem Topf mit dickem Boden aufkochen. Den Topf vom Herd nehmen und die aufgelöste Maisstärke mit dem Schneebesen unter die heiße Masse geben. Alles unter ständigem Rühren erneut aufkochen lassen, bis die Creme eindickt (das dauert etwa 1 Minute). Die Schokolade mit dem Schneebesen unter die noch warme Creme mischen, bis sie vollständig geschmolzen ist.

ABKÜHLEN: Die Creme im eiskalten Wasserbad abkühlen lassen.

GEFRIEREN: Die Masse in die Eismaschine geben und cremig fest frieren lassen. Das Schokoladeneis kann in noch cremiger Konsistenz sofort serviert werden. Ansonsten das Eis in eine Plastikbox füllen, mit Backpapier abdecken und das Papier glatt streichen, damit sich keine Blasen bilden. Dann das Eis in der luftdicht verschlossenen Box mindestens 4 Stunden im Tiefkühlfach fest werden lassen.

SERVIEREN: Das Eis etwa 15 Minuten vor dem Servieren aus dem Tiefkühlfach nehmen und in den Kühlschrank stellen, damit es leicht antaut und seinen Geschmack entfalten kann.

PFEFFERMINZ-SCHOKOLADEN-EIS

Für etwa 1,2 Liter Eiscreme

300 g Vollmilchschokolade (mindestens 40 % Kakaogehalt)

130 g Zucker

4 Eigelbe

40 g frische Pfefferminzblätter oder 2 TL Minzsirup

400 g Sahne

400 ml Vollmilch

3 EL heller Honig oder Glukosepulver

Pfefferminzschokolade (nach Belieben)

VORBEREITUNG: Die Schokolade fein hacken. Eigelbe und Zucker in einer großen Rührschüssel schaumig schlagen. Die Pfefferminzblätter fein hacken.

ZUBEREITUNG: Sahne, Milch und Honig oder Glukosepulver in einem großen Topf aufkochen. Die noch warme Sahnemischung nach und nach zur Eicreme geben und alles gut verrühren. Die Masse in den Topf zurückgeben und bei mittlerer Hitze bis knapp unter dem Siedepunkt unter häufigem Rühren eindicken lassen. Die Creme darf nicht kochen, sonst gerinnt das Eigelb. Die Schokolade mit dem Schneebesen unter die noch warme Creme mischen, bis sie vollständig geschmolzen ist.

ABKÜHLEN: Die Creme im eiskalten Wasserbad abkühlen lassen, die gehackten Minzeblätter hinzufügen und alles gut vermischen. Creme mit Folie abgedeckt 4–12 Stunden im Kühlschrank ruhen lassen. Danach die Creme kurz mit dem Stabmixer aufschlagen.

GEFRIEREN: Die Masse in die Eismaschine geben und cremig fest frieren lassen. Das Schokoladeneis kann in noch cremiger Konsistenz sofort serviert werden. Ansonsten das Eis in eine Plastikbox füllen, mit Backpapier abdecken und das Papier glatt streichen, damit sich keine Blasen bilden. Das Eis in der luftdicht verschlossenen Box mindestens 4 Stunden im Tiefkühlfach fest werden lassen.

SERVIEREN: Das Eis etwa 15 Minuten vor dem Servieren aus dem Tiefkühlfach nehmen und in den Kühlschrank stellen, damit es leicht antaut und seinen Geschmack entfalten kann.

DULCE-DE-LECHE-EIS

Für etwa 1,2 Liter Eiscreme

1 Dose gezuckerte Kondensmilch (400 g)

85 g Zucker

400 ml Vollmilch

250 g Sahne

VORBEREITUNG: Die ungeöffnete Dose Kondensmilch etwa 3 Stunden in einem großen Topf mit heißem Wasser kochen. Ganz wichtig, sonst besteht Explosionsgefahr: Die Dose muss dabei immer mit Wasser bedeckt sein, daher gegebenenfalls nachgießen. Danach die geschlossene Dose im eiskalten Wasserbad abkühlen lassen, erst jetzt darf sie geöffnet werden.

ZUBEREITUNG: Zucker in einer Pfanne unter ständigem Rühren schmelzen, damit ein goldbrauner Karamell entsteht. Milch und Sahne angießen und alles aufkochen lassen. Die gekochte, abgekühlte Kondensmilch hinzufügen und alles mit dem Stabmixer zu einer glatten Creme verrühren, dann durch ein feinmaschiges Sieb passieren.

ABKÜHLEN: Die Creme im eiskalten Wasserbad abkühlen lassen. Danach die Creme mit Folie abdecken und 1 Stunde in den Kühlschrank stellen.

GEFRIEREN: Die Masse in die Eismaschine geben und cremig fest frieren lassen. Das Eis kann in noch cremiger Konsistenz sofort serviert werden. Ansonsten das Eis in eine Plastikbox füllen, mit Backpapier abdecken und das Papier glatt streichen, damit sich keine Blasen bilden. Dann das Eis in der luftdicht verschlossenen Box mindestens 4 Stunden im Tiefkühlfach fest werden lassen.

SERVIEREN: Das Eis etwa 15 Minuten vor dem Servieren aus dem Tiefkühlfach nehmen und in den Kühlschrank stellen, damit es leicht antaut und seinen Geschmack entfalten kann.

STRACCIATELLA-EIS

Für etwa 1,2 Liter Eiscreme

1 Vanilleschote

400 g Sahne

400 ml Vollmilch

3 EL heller Honig oder Glukosepulver

6 Eigelbe

130 g Zucker

200 g Zartbitterschokolade (mindestens 55 % Kakaogehalt)

VORBEREITEN: Die Vanilleschote längs aufschneiden und das Mark herausschaben. Beides mit Sahne, Milch und Honig oder Glukosepulver in einen großen Topf geben. Eigelbe und Zucker in einer großen Rührschüssel schaumig schlagen.

ZUBEREITEN: Die Sahne-Vanille-Mischung aufkochen lassen. Die noch warme Masse nach und nach zur Eicreme geben und alles verrühren. Die Masse in den Topf zurückgeben und bei mittlerer Hitze bis knapp unter dem Siedepunkt unter häufigem Rühren eindicken lassen. Die Creme darf nicht kochen, sonst gerinnt das Eigelb.

ABKÜHLEN: Die Creme im eiskalten Wasserbad abkühlen lassen und durch ein feinmaschiges Sieb in die Schüssel passieren. Creme mit Folie abgedeckt 4–12 Stunden im Kühlschrank ruhen lassen. Danach die Creme kurz mit dem Stabmixer aufschlagen.

GEFRIEREN: Die Masse in die Eismaschine geben und cremig fest frieren lassen. Die Schokolade schmelzen, in eine Papiertüte oder einen Plastikbeutel füllen, eine kleine Tütenspitze abschneiden und die Schokolade in einem dünnen Strahl in die gefrorene Eiscreme spritzen, während die Eismaschine noch kurz läuft. Wenn keine Eismaschine zur Verfügung steht, die Masse ins Tiefkühlfach stellen, regelmäßig umrühren, bis sie fast fest ist, dann die Schokolade auf die gleiche Weise hinzufügen. Das Eis kann in noch cremiger Konsistenz sofort serviert werden. Ansonsten das Eis in eine Plastikbox füllen, mit Backpapier abdecken und das Papier glatt streichen, damit sich keine Blasen bilden. Dann das Eis in der luftdicht verschlossenen Box mindestens 4 Stunden im Tiefkühlfach fest werden lassen.

SERVIEREN: Das Eis etwa 15 Minuten vor dem Servieren aus dem Tiefkühlfach nehmen und in den Kühlschrank stellen, damit es leicht antaut und seinen Geschmack entfalten kann.

TIPP!
Mit der ausgekochten Vanilleschote lässt sich Vanillezucker herstellen (siehe Rezept Seite 21).

KARAMELLEIS

Für etwa 1,2 Liter Eiscreme

1 Vanilleschote

400 g Sahne

400 ml Vollmilch

3 EL heller Honig oder Glukosepulver

5 Eigelbe

170 g Zucker

50 ml Wasser

1 Prise Meersalz

VORBEREITUNG: Die Vanilleschote längs aufschneiden und das Mark herausschaben. Beides mit Sahne, Milch und Honig oder Glukosepulver in einen großen Topf geben. Eigelbe und 40 Gramm Zucker in einer Rührschüssel schaumig schlagen.

ZUBEREITUNG: Die Sahne-Vanille-Mischung aufkochen lassen und Topf beiseitestellen. Den restlichen Zucker und das Wasser in einem anderen Topf kochen, bis ein dunkelbrauner Karamell entsteht; diesen sofort unter die warme Sahnecreme mischen. Den Topf auf den Herd zurückstellen. Alles erneut aufkochen lassen und darauf achten, dass sich der Zucker vollständig auflöst. Die noch warme Masse nach und nach zur Eicreme geben und alles gut verrühren. Die Masse in den Topf zurückgeben und bei mittlerer Hitze bis knapp unter dem Siedepunkt unter häufigem Rühren eindicken lassen. Die Creme darf nicht kochen, sonst gerinnt das Eigelb. Eine Prise Meersalz unter die noch warme Creme rühren.

ABKÜHLEN: Die Creme im eiskalten Wasserbad abkühlen lassen und durch ein feinmaschiges Sieb in eine Schüssel passieren. Mit Folie abgedeckt 4–12 Stunden im Kühlschrank ruhen und gut durchziehen lassen. Danach die Creme kurz mit dem Stabmixer aufschlagen.

GEFRIEREN: Die Masse in die Eismaschine geben und cremig fest frieren lassen. Das Karamelleis kann in noch cremiger Konsistenz sofort serviert werden. Ansonsten das Eis in eine Plastikbox füllen, mit Backpapier abdecken und das Papier glatt streichen, damit sich keine Blasen bilden. Dann das Eis in der luftdicht verschlossenen Box mindestens 4 Stunden im Tiefkühlfach fest werden lassen.

SERVIEREN: Das Eis etwa 15 Minuten vor dem Servieren aus dem Tiefkühlfach nehmen und in den Kühlschrank stellen, damit es leicht antaut und seinen Geschmack entfalten kann.

TIPP!
Mit der ausgekochten Vanilleschote lässt sich Vanillezucker herstellen (siehe Rezept Seite 21).

EISCREME MIT RUMROSINEN

Für etwa 1,2 Liter Eiscreme

150 g Rosinen

100 ml brauner Rum

1 Vanilleschote

400 g Sahne

400 ml Vollmilch

3 EL heller Honig oder Glukosepulver

5 Eigelbe

85 g Zucker

VORBEREITUNG: Die Rosinen mindestens 12 Stunden in Rum einlegen. Die Vanilleschote längs aufschneiden und das Mark herausschaben. Schote und Mark mit Sahne, Milch und Honig oder Glukosepulver in einen großen Topf mit dickem Boden geben. Eigelbe und Zucker in einer Rührschüssel schaumig schlagen.

ZUBEREITUNG: Die Sahne-Vanille-Mischung aufkochen lassen. Die noch warme Sahnemischung nach und nach zur Eicreme geben und alles gut verrühren. Die Masse in den Topf zurückgeben und bei mittlerer Hitze bis knapp unter dem Siedepunkt unter häufigem Rühren eindicken lassen. Die Creme darf nicht kochen, sonst gerinnt das Eigelb.

ABKÜHLEN: Die Masse im eiskalten Wasserbad abkühlen lassen und durch ein feinmaschiges Sieb in die Schüssel passieren. Mit Folie abgedeckt 4–12 Stunden im Kühlschrank ruhen und gut durchziehen lassen. Danach die Creme kurz mit dem Stabmixer aufschlagen.

GEFRIEREN: Die Masse in die Eismaschine geben und cremig fest frieren lassen, zum Schluss die eingelegten Rosinen hinzufügen. Wenn keine Eismaschine zur Verfügung steht, die Eiscreme ins Tiefkühlfach stellen, regelmäßig umrühren, bis sie fast fest ist, dann die Rosinen untermischen. Das Eis kann in noch cremiger Konsistenz sofort serviert werden. Ansonsten das Eis in eine Plastikbox füllen, mit Backpapier abdecken und das Papier glatt streichen, damit sich keine Blasen bilden. Dann das Eis in der luftdicht verschlossenen Box mindestens 4 Stunden im Tiefkühlfach fest werden lassen.

SERVIEREN: Das Eis etwa 15 Minuten vor dem Servieren aus dem Tiefkühlfach nehmen und in den Kühlschrank stellen, damit es leicht antaut und seinen Geschmack entfalten kann.

TIPP!
Mit der ausgekochten Vanilleschote lässt sich Vanillezucker herstellen (siehe Rezept Seite 21).

TIRAMISU-EIS

Für etwa 1,2 Liter Eiscreme

2 EL ungezuckertes Kakaopulver

3 EL Instant-Espressopulver

3 EL Kaffeelikör

2 EL Weinbrand

500 g Mascarpone

200 ml Vollmilch

130 g Zucker

1 Prise Salz

100 g Sahne

Löffelbiskuit, in kleine Stücke zerteilt (nach Belieben)

VORBEREITUNG: Kakao-, Espressopulver, Likör und Weinbrand gründlich verrühren, es dürfen keine Klümpchen entstehen.

ZUBEREITUNG: Die Aromamischung mit Mascarpone, Milch, Zucker und Salz vermischen. Sahne hinzufügen und mit dem Stabmixer zu einer glatten Creme rühren.

ABKÜHLEN: Die Creme mit Frischhaltefolie abgedeckt einige Stunden im Kühlschrank ruhen lassen.

GEFRIEREN: Die Masse in die Eismaschine geben und cremig fest frieren lassen, zum Schluss nach Belieben die zerkleinerten Löffelbiskuits hinzufügen. Wenn keine Eismaschine zur Verfügung steht, die Eiscreme ins Tiefkühlfach stellen, regelmäßig umrühren, bis sie fast fest ist, und dann die Löffelbiskuitstücke untermengen. Das Eis kann in noch cremiger Konsistenz sofort serviert werden. Ansonsten das Eis in eine Plastikbox füllen, mit Backpapier abdecken und das Papier glatt streichen, damit sich keine Blasen bilden. Dann das Eis in der luftdicht verschlossenen Box mindestens 4 Stunden im Tiefkühlfach fest werden lassen.

SERVIEREN: Das Eis etwa 15 Minuten vor dem Servieren aus dem Tiefkühlfach nehmen und in den Kühlschrank stellen, damit es leicht antaut und seinen Geschmack entfalten kann.

ZIMTEIS

Für etwa 1,2 Liter Eiscreme

6 Eigelbe

140 g Farinzucker

400 g Sahne

400 ml Vollmilch

3 EL heller Honig oder Glukosepulver

40 g gemahlener Zimt

50 ml brauner Rum (nach Belieben)

VORBEREITUNG: Eigelbe und Zucker schaumig schlagen.

ZUBEREITUNG: Sahne, Milch und Honig oder Glukosepulver in einem großen Topf mit dickem Boden aufkochen lassen. Die noch warme Sahnemischung nach und nach zur Eicreme geben und alles gut verrühren. Die Masse in den Topf zurückgeben. Zimt und Rum hinzufügen und gut verrühren. Den Topf auf den Herd stellen und die Masse bei mittlerer Hitze bis knapp unter dem Siedepunkt unter häufigem Rühren eindicken lassen. Die Creme darf nicht kochen, sonst gerinnt das Eigelb.

ABKÜHLEN: Die Creme im eiskalten Wasserbad abkühlen lassen und durch ein feinmaschiges Sieb in die Schüssel passieren. Mit Folie abgedeckt 4–12 Stunden im Kühlschrank ruhen und gut durchziehen lassen. Danach die Creme kurz mit dem Stabmixer aufschlagen.

GEFRIEREN: Die Masse in die Eismaschine geben und cremig fest frieren lassen. Das Zimteis kann in noch cremiger Konsistenz sofort serviert werden. Ansonsten das Eis in eine Plastikbox füllen, mit Backpapier abdecken und das Papier glatt streichen, damit sich keine Blasen bilden. Dann das Eis in der luftdicht verschlossenen Box mindestens 4 Stunden im Tiefkühlfach fest werden lassen.

SERVIEREN: Das Eis etwa 15 Minuten vor dem Servieren aus dem Tiefkühlfach nehmen und in den Kühlschrank stellen, damit es leicht antaut und seinen Geschmack entfalten kann.

ERDBEEREIS

Für etwa 1,2 Liter Eiscreme

600 g Erdbeeren, gewaschen und von grünen Stielansätzen befreit

170 g Zucker

4 Eigelbe

100 ml Vollmilch

400 g Sahne

3 EL heller Honig oder Glukosepulver

VORBEREITUNG: Die Erdbeeren und die Hälfte des Zuckers im Mixer pürieren, bis sich der Zucker vollständig aufgelöst hat. Das Erdbeermark durch ein feinmaschiges Sieb passieren und kühl stellen. Eigelbe und restlichen Zucker schaumig schlagen.

ZUBEREITUNG: Milch, Sahne und Honig oder Glukosepulver in einem großen Topf aufkochen lassen. Die warme Sahnemischung nach und nach zur Eicreme geben und alles gut verrühren. Die Masse in den Topf zurückgeben und die Creme bei mittlerer Hitze bis knapp unter dem Siedepunkt unter häufigem Rühren eindicken lassen. Die Creme darf nicht kochen, sonst gerinnt das Eigelb.

ABKÜHLEN: Die Masse im eiskalten Wasserbad abkühlen lassen. Das Erdbeermark mit dem Stabmixer unter die abgekühlte Creme mischen. Die Masse mit Folie abgedeckt einige Stunden im Kühlschrank ruhen lassen.

GEFRIEREN: Die Masse in die Eismaschine geben und cremig fest frieren lassen. Das Eis kann in noch cremiger Konsistenz sofort serviert werden. Ansonsten das Eis in eine Plastikbox füllen, mit Backpapier abdecken und das Papier glatt streichen, damit sich keine Blasen bilden. Dann das Eis in der luftdicht verschlossenen Box mindestens 4 Stunden im Tiefkühlfach fest werden lassen.

SERVIEREN: Das Eis etwa 15 Minuten vor dem Servieren aus dem Tiefkühlfach nehmen und in den Kühlschrank stellen, damit es leicht antaut und seinen Geschmack entfalten kann.

TIPP!

Das fertige Eis kann als Dessert mit in Zuckersirup eingelegten, abgetropften Erdbeeren garniert werden. Man kann das Eis auch mit Himbeersauce servieren (siehe Rezept Seite 155).

ERDBEEREIS OHNE EIER

Für etwa 1,2 Liter Eiscreme

500 g Erdbeeren, gewaschen und von grünen Stielansätzen befreit

210 g Zucker

2 EL Maisstärke

200 ml + 3 EL Vollmilch

400 g Sahne

3 EL heller Honig oder Glukosepulver

VORBEREITUNG: Die Erdbeeren mit 85 Gramm Zucker im Mixer pürieren, bis sich der Zucker vollständig aufgelöst hat. Das Erdbeermark durch ein feinmaschiges Sieb passieren und kühl stellen. Die Maisstärke mit drei Esslöffel Milch in einer Schale gründlich verrühren, es dürfen keine Klümpchen entstehen.

ZUBEREITUNG: Restlichen Zucker, Milch, Sahne und Honig oder Glukosepulver in einem großen Topf mit dickem Boden aufkochen lassen, dann den Topf vom Herd nehmen. Die aufgelöste Maisstärke mit dem Schneebesen unter die heiße Masse mischen und unter ständigem Rühren erneut aufkochen, bis die Creme eindickt (das dauert etwa 1 Minute).

ABKÜHLEN: Die Creme im eiskalten Wasserbad abkühlen lassen. Das Erdbeermark mit dem Stabmixer unter die abgekühlte Eiscreme rühren.

GEFRIEREN: Die Masse in die Eismaschine geben und cremig fest frieren lassen. Das Erdbeereis kann in noch cremiger Konsistenz sofort serviert werden. Ansonsten das Eis in eine Plastikbox füllen, mit Backpapier abdecken und das Papier glatt streichen, damit sich keine Blasen bilden. Dann das Eis in der luftdicht verschlossenen Box mindestens 4 Stunden im Tiefkühlfach fest werden lassen.

SERVIEREN: Das Eis etwa 15 Minuten vor dem Servieren aus dem Tiefkühlfach nehmen und in den Kühlschrank stellen, damit es leicht antaut und seinen Geschmack entfalten kann.

LEBKUCHENEIS

Für etwa 1,2 Liter Eiscreme

5 Eigelbe

110 g Farinzucker

400 g Sahne

400 ml Vollmilch

1 Prise Meersalz

3 EL heller Honig oder Glukosepulver

20 g Lebkuchengewürz

100 g Lebkuchen, zerkleinert (nach Belieben)

VORBEREITUNG: Eigelbe und Zucker schaumig schlagen.

ZUBEREITUNG: Sahne, Milch, Salz und Honig oder Glukosepulver aufkochen lassen, Lebkuchengewürz hinzufügen und das Ganze einige Minuten bei schwacher Hitze köcheln lassen. Die noch warme Sahnemischung nach und nach zur Eicreme geben und alles gut verrühren. Die Masse in den Topf zurückgeben und die Creme bei mittlerer Hitze bis knapp unter dem Siedepunkt unter häufigem Rühren eindicken lassen. Die Creme darf nicht kochen, sonst gerinnt das Eigelb.

ABKÜHLEN: Die Masse im eiskalten Wasserbad abkühlen lassen und durch ein feinmaschiges Sieb in die Schüssel passieren. Mit Folie abgedeckt einige Stunden im Kühlschrank ruhen und gut durchziehen lassen. Danach die Creme kurz mit dem Stabmixer aufschlagen.

GEFRIEREN: Die Masse in die Eismaschine geben und cremig fest frieren lassen. Zum Schluss die zerkleinerten Lebkuchen dazugeben. Wenn keine Eismaschine zur Verfügung steht, die Masse ins Tiefkühlfach stellen, regelmäßig umrühren, bis sie fast fest ist, und die Lebkuchen auf die gleiche Weise hinzufügen. Das Lebkucheneis kann in noch cremiger Konsistenz sofort serviert werden. Ansonsten das Eis in eine Plastikbox füllen, mit Backpapier abdecken und das Papier glatt streichen, damit sich keine Blasen bilden. Dann das Eis in der luftdicht verschlossenen Box mindestens 4 Stunden im Tiefkühlfach fest werden lassen.

SERVIEREN: Das Eis etwa 15 Minuten vor dem Servieren aus dem Tiefkühlfach nehmen und in den Kühlschrank stellen, damit es leicht antaut und seinen Geschmack entfalten kann.

HIMBEEREIS

Für etwa 1,2 Liter Eiscreme

500 g Himbeeren

170 g Zucker

4 Eigelbe

400 g Sahne

400 ml Vollmilch

3 EL heller Honig oder Glukosepulver

VORBEREITUNG: Die Himbeeren und 85 Gramm Zucker im Mixer pürieren, bis sich der Zucker vollständig aufgelöst hat. Das Püree durch ein feinmaschiges Sieb passieren und kühl stellen. Eigelbe und restlichen Zucker schaumig schlagen.

ZUBEREITUNG: Sahne, Milch und Honig oder Glukosepulver in einem großen Topf mit dickem Boden aufkochen lassen. Die noch warme Sahnemischung nach und nach zur Eicreme geben und alles gut verrühren. Die Masse in den Topf zurückgeben und bei mittlerer Hitze bis knapp unter dem Siedepunkt unter häufigem Rühren eindicken lassen. Die Creme darf nicht kochen, sonst gerinnt das Eigelb.

ABKÜHLEN: Die Creme im eiskalten Wasserbad abkühlen lassen. Die Himbeersauce mit dem Stabmixer unter die abgekühlte Creme mischen. Die Creme mit Folie abgedeckt einige Stunden in den Kühlschrank stellen.

GEFRIEREN: Die Masse in die Eismaschine geben und cremig fest frieren lassen. Das Himbeereis kann in noch cremiger Konsistenz sofort serviert werden. Ansonsten das Eis in eine Plastikbox füllen, mit Backpapier abdecken und das Papier glatt streichen, damit sich keine Blasen bilden. Dann das Eis in der luftdicht verschlossenen Box mindestens 4 Stunden im Tiefkühlfach fest werden lassen.

SERVIEREN: Das Eis etwa 15 Minuten vor dem Servieren aus dem Tiefkühlfach nehmen und in den Kühlschrank stellen, damit es leicht antaut und seinen Geschmack entfalten kann.

TIPP!
Das fertige Eis kann als Dessert mit Himbeersauce serviert werden (siehe Seite 155).

HIMBEER-JOGHURT-EIS

Für etwa 1,2 Liter Eiscreme

600 g Naturjoghurt (mindestens 3 % Fettgehalt)

1 Blatt Gelatine (2 g)

500 g Himbeeren

100 ml Wasser

170 g Zucker

3 EL heller Honig oder Glukosepulver

100 g Sahne

VORBEREITUNG: Das Eis bekommt eine besonders cremige Konsistenz, wenn man den Joghurt von der Molke trennt: Ein Sieb mit einem Seihtuch auslegen und auf eine große Schüssel setzen. Joghurt in das Sieb geben und mit Frischhaltefolie abdecken, mindestens 8 Stunden im Kühlschrank abtropfen lassen. Es bleiben ungefähr 540 Gramm Joghurt übrig. Das Gelatineblatt etwa 10 Minuten in kaltem Wasser einweichen. Die Himbeeren pürieren, Püree durch ein feines Sieb streichen und kühl stellen.

ZUBEREITUNG: Wasser, Zucker und Honig oder Glukosepulver in einen Topf geben und alles einmal aufkochen lassen, damit Läuterzucker entsteht. Den Topf vom Herd nehmen, Gelatine darin auflösen und 10 Minuten ziehen lassen.

ABKÜHLEN: Den Läuterzucker im eiskalten Wasserbad abkühlen lassen. Himbeerpüree, Sahne und Joghurt hinzufügen und alles mit dem Stabmixer aufschlagen.

GEFRIEREN: Die Masse in die Eismaschine geben und cremig fest frieren lassen. Das Eis in eine Plastikbox füllen, mit Backpapier abdecken und das Papier glatt streichen, damit sich keine Blasen bilden. Dann das Eis in der luftdicht verschlossenen Box mindestens 4 Stunden im Tiefkühlfach fest werden lassen.

SERVIEREN: Das Eis etwa 15 Minuten vor dem Servieren aus dem Tiefkühlfach nehmen und in den Kühlschrank stellen, damit es leicht antaut und seinen Geschmack entfalten kann.

TIPP!
Das fertige Eis kann als Dessert mit Himbeersauce serviert werden (siehe Rezept Seite 155).

SCHWARZE-JOHANNISBEEREN-EIS

Für etwa 1,2 Liter Eiscreme

500 g Schwarze Johannisbeeren

170 g Zucker

4 Eigelbe

300 g Sahne

100 ml Vollmilch

3 EL heller Honig oder Glukosepulver

VORBEREITUNG: Die Beeren mit 85 Gramm Zucker im Mixer pürieren, bis sich der Zucker vollständig aufgelöst hat. Das Püree durch ein feinmaschiges Sieb passieren und kühl stellen. Eigelbe und restlichen Zucker schaumig schlagen.

ZUBEREITUNG: Sahne, Milch und Honig oder Glukosepulver in einem großen Topf mit dickem Boden aufkochen lassen. Die noch warme Sahnemischung nach und nach zur Eicreme geben und alles gut verrühren. Die Masse in den Topf zurückgeben. Den Topf auf den Herd stellen und die Creme bei mittlerer Hitze bis knapp unter dem Siedepunkt unter häufigem Rühren eindicken lassen. Die Creme darf nicht kochen, sonst gerinnt das Eigelb.

ABKÜHLEN: Die Masse im eiskalten Wasserbad abkühlen lassen. Das Fruchtpüree mit dem Stabmixer unter die abgekühlte Creme mischen, dann mit Folie abdecken und einige Stunden in den Kühlschrank stellen.

GEFRIEREN: Die Masse in die Eismaschine geben und cremig fest frieren lassen. Das Eis in eine Plastikbox füllen, mit Backpapier abdecken und das Papier glatt streichen, damit sich keine Blasen bilden. Dann das Eis in der luftdicht verschlossenen Box mindestens 4 Stunden im Tiefkühlfach fest werden lassen.

TIPP!

Das fertige Eis kann als Dessert mit in Zuckersirup eingelegten, abgetropften Schwarzen Johannisbeeren garniert werden. Man kann das Eis auch mit einer Schwarze-Johannisbeeren-Sauce servieren (siehe Seite 155).

KOKOSEIS

Für etwa 1,2 Liter Eiscreme

5 Eigelbe

130 g Zucker

200 g Sahne

200 ml Vollmilch

400 ml Kokosmilch

3 EL heller Honig oder Glukosepulver

30 g Kokosraspel + 5 g zum Garnieren (nach Belieben)

VORBEREITUNG: Eigelbe und Zucker schaumig schlagen.

ZUBEREITUNG: Sahne, Milch, Kokosmilch und Honig oder Glukosepulver in einem großen Topf aufkochen lassen. Die noch warme Masse nach und nach unter die Eicreme geben und alles gut verrühren. Die Masse in den Topf zurückgeben. Den Topf auf den Herd stellen und die Sahnecreme bei mittlerer Hitze bis knapp unter dem Siedepunkt unter häufigem Rühren eindicken lassen. Die Creme darf nicht kochen, sonst gerinnt das Eigelb. Nach Belieben 30 Gramm Kokosraspel unter die warme Masse ziehen.

ABKÜHLEN: Die Creme im eiskalten Wasserbad abkühlen und anschließend mit Folie abgedeckt einige Stunden im Kühlschrank ruhen lassen. Die Creme kurz mit dem Stabmixer aufschlagen.

GEFRIEREN: Die Masse in die Eismaschine geben und cremig fest frieren lassen. Das Kokoseis kann in noch cremiger Konsistenz sofort serviert werden. Ansonsten das Eis in eine Plastikbox füllen, mit Backpapier abdecken und das Papier glatt streichen, damit sich keine Blasen bilden. Dann das Eis in der luftdicht verschlossenen Box mindestens 4 Stunden im Tiefkühlfach fest werden lassen.

SERVIEREN: Das Eis etwa 15 Minuten vor dem Servieren aus dem Tiefkühlfach nehmen und in den Kühlschrank stellen, damit es leicht antaut und seinen Geschmack entfalten kann.

MANGOEIS

Für etwa 1,2 Liter Eiscreme

2 reife Mangos (etwa 500 ml Fruchtpüree)

2 Limetten

170 g Zucker

4 Eigelbe

300 g Sahne

100 ml Vollmilch

3 EL heller Honig oder Glukosepulver

VORBEREITUNG: Mangos schälen, von den Steinen befreien und das Fruchtfleisch in Stücke schneiden. Die Limetten auspressen. Das Mangofruchtfleisch mit der Hälfte des Zuckers und dem Limettensaft im Mixer pürieren. Das Fruchtpüree durch ein feinmaschiges Sieb streichen und kühl stellen. Eigelbe und restlichen Zucker in einer Rührschüssel schaumig schlagen.

ZUBEREITUNG: Sahne, Milch und Honig oder Glukosepulver in einem großen Topf mit dickem Boden aufkochen lassen. Die noch warme Masse nach und nach unter die Eicreme geben und alles gut verrühren. Die Masse in den Topf zurückgeben. Den Topf auf den Herd stellen und die Creme bei mittlerer Hitze bis knapp unter dem Siedepunkt unter häufigem Rühren eindicken lassen. Die Creme darf nicht kochen, sonst gerinnt das Eigelb.

ABKÜHLEN: Die Creme im eiskalten Wasserbad abkühlen lassen. Das Mangopüree mit dem Stabmixer unter die abgekühlte Creme mischen und diese mit Folie abgedeckt einige Stunden im Kühlschrank ruhen lassen.

GEFRIEREN: Die Masse in die Eismaschine geben und cremig fest frieren lassen. Das Mangoeis kann in noch cremiger Konsistenz sofort serviert werden. Ansonsten das Eis in eine Plastikbox füllen, mit Backpapier abdecken und das Papier glatt streichen, damit sich keine Blasen bilden. Dann das Eis in der luftdicht verschlossenen Box mindestens 4 Stunden im Tiefkühlfach fest werden lassen.

SERVIEREN: Das Eis etwa 15 Minuten vor dem Servieren aus dem Tiefkühlfach nehmen und in den Kühlschrank stellen, damit es leicht antaut und seinen Geschmack entfalten kann.

HASELNUSSEIS

Für etwa 1,2 Liter Eiscreme

5 Eigelbe

130 g Zucker

200 g Sahne

600 ml Vollmilch

3 EL heller Honig oder Glukosepulver

150 g Haselnusspaste (oder Nusscreme)

150 g Haselnüsse, gehackt und karamellisiert (siehe Seite 154)

VORBEREITUNG: Eigelbe und Zucker schaumig schlagen.

ZUBEREITUNG: Sahne, Milch und Honig oder Glukosepulver in einem großen Topf mit dickem Boden aufkochen lassen. Die noch warme Sahnemischung nach und nach zur Eicreme geben und alles gut verrühren. Die Masse in den Topf zurückgeben und die Creme bei mittlerer Hitze bis knapp unter dem Siedepunkt unter häufigem Rühren eindicken lassen. Die Creme darf nicht kochen, sonst gerinnt das Eigelb. Die Haselnusspaste unter die noch warme Creme mischen.

ABKÜHLEN: Die Creme im eiskalten Wasserbad abkühlen lassen und mit Folie abgedeckt 4–12 Stunden im Kühlschrank ruhen lassen. Die Creme kurz mit dem Stabmixer aufschlagen.

GEFRIEREN: Die Masse in die Eismaschine geben und cremig fest frieren lassen. Zum Schluss die gehackten Nüsse hinzufügen. Das Haselnusseis kann in noch cremiger Konsistenz sofort serviert werden. Ansonsten das Eis in eine Plastikbox füllen, mit Backpapier abdecken und das Papier glatt streichen, damit sich keine Blasen bilden. Dann das Eis in der luftdicht verschlossenen Box mindestens 4 Stunden im Tiefkühlfach fest werden lassen.

SERVIEREN: Das Eis etwa 15 Minuten vor dem Servieren aus dem Tiefkühlfach nehmen und in den Kühlschrank stellen, damit es leicht antaut und seinen Geschmack entfalten kann. Man kann es mit karamellisierten Haselnüssen garnieren.

HEIDELBEER-JOGHURT-EIS

Für etwa 1,2 Liter Eiscreme

600 g Naturjoghurt (mindestens 3 % Fettgehalt)

1 Blatt weiße Gelatine (2 g)

500 g Heidelbeeren

100 ml Wasser

170 g Zucker

3 EL heller Honig oder Glukosepulver

100 g Sahne

VORBEREITUNG: Das Eis bekommt eine besonders cremige Konsistenz, wenn man den Joghurt von der Molke trennt: Ein Sieb mit einem Seihtuch auslegen und auf eine große Schüssel setzen. Joghurt in das Sieb geben und mit Frischhaltefolie abdecken, mindestens 8 Stunden im Kühlschrank abtropfen lassen. Es bleiben ungefähr 420 Gramm Joghurt übrig. Das Gelatineblatt 10 Minuten in kaltem Wasser einweichen. Die Heidelbeeren pürieren, das Püree durch ein feinmaschiges Sieb streichen und kühl stellen.

ZUBEREITUNG: Wasser, Zucker und Honig oder Glukosepulver in einen Topf geben und alles einmal aufkochen lassen, damit Läuterzucker entsteht. Den Topf vom Herd nehmen und die Gelatine unter ständigem Rühren darin auflösen.

ABKÜHLEN: Den Läuterzucker im eiskalten Wasserbad abkühlen lassen. Heidelbeerpüree, Sahne und Joghurt zum Läuterzucker geben und alles mit dem Stabmixer verrühren.

GEFRIEREN: Die Masse in die Eismaschine geben und cremig fest frieren lassen. Das Eis kann in noch cremiger Konsistenz sofort serviert werden. Ansonsten das Eis in eine Plastikbox füllen, mit Backpapier abdecken und das Papier glatt streichen, damit sich keine Blasen bilden. Dann das Eis in der luftdicht verschlossenen Box mindestens 4 Stunden im Tiefkühlfach fest werden lassen.

SERVIEREN: Das Eis etwa 15 Minuten vor dem Servieren aus dem Tiefkühlfach nehmen und in den Kühlschrank stellen, damit es leicht antaut und seinen Geschmack entfalten kann.

KOKOS-SCHOKOLADEN-SORBET

Für etwa 1 Liter Sorbet

200 g Zartbitterschokolade (mindestens 50 % Kakaogehalt)

1 Vanilleschote

200 ml Wasser

130 g Zucker

1 Prise Salz

400 ml Kokosmilch

VORBEREITEN: Die Schokolade fein hacken. Die Vanilleschote längs aufschneiden und das Mark herausschaben. Schote und Mark mit Wasser, Zucker und Salz in einen großen Topf mit dickem Boden geben.

ZUBEREITUNG: Das Ganze kochen lassen, bis sich der Zucker vollständig aufgelöst hat. Die Schokolade untermischen und rühren, bis sie geschmolzen ist. Die Masse 15 Minuten ziehen lassen und durch ein feinmaschiges Sieb passieren.

ABKÜHLEN: Die Masse im eiskalten Wasserbad abkühlen lassen. Die Schokomasse und die Kokosmilch mit dem Stabmixer zu einer glatten Creme verrühren, es dürfen keine Klümpchen entstehen.

GEFRIEREN: Die Sorbetmasse in die Eismaschine geben, sie sollte fest, aber nicht hart gefroren sein. Sorbet in eine Plastikbox füllen, mit Backpapier abdecken und das Papier glatt streichen, damit keine Blasen entstehen. Sorbet in der luftdicht verschlossenen Box mindestens 4 Stunden im Tiefkühlfach fest werden lassen.

SERVIEREN: Das Sorbet etwa 15 Minuten vor dem Servieren aus dem Tiefkühlfach nehmen und in den Kühlschrank stellen, damit es leicht antaut und seinen Geschmack entfalten kann.

APFEL-ZIMT-SORBET

Für etwa 1 Liter Sorbet

1 kg Äpfel (säuerliche Sorte wie Granny Smith oder Golden Delicious)

Saft von 1 Zitrone

100 ml Wasser

170 g Zucker

1 EL gemahlener Zimt

3 EL Glukosepulver

VORBEREITUNG: Äpfel waschen und vierteln. Äpfel nicht schälen, sondern nur Stiele und Kerngehäuse entfernen. Die Apfelspalten mit zwei Esslöffel Zitronensaft im Mixer fein pürieren. Der Zitronensaft verhindert, dass sich das Fruchtfleisch braun färbt. Das Apfelpüree durch ein feinmaschiges Sieb streichen und kühl stellen.

ZUBEREITUNG: Wasser, Zucker, Zimt und Glukosepulver in einen Topf geben, alles einmal aufkochen lassen, damit Läuterzucker entsteht, und 10 Minuten ziehen lassen.

ABKÜHLEN: Den Läuterzucker im eiskalten Wasserbad abkühlen lassen. Apfelpüree und Läuterzucker mit dem Stabmixer gründlich verrühren. Masse nach Belieben mit Zitronensaft abschmecken.

GEFRIEREN: Die Masse in der Eismaschine möglichst schnell gefrieren lassen, damit sich der Sorbetmix nicht bräunlich verfärbt. Sorbet in eine Plastikbox geben, mit Backpapier abdecken und das Papier glatt streichen, damit keine Blasen entstehen. Dann in der luftdicht verschlossenen Box mindestens 4 Stunden im Tiefkühlfach fest werden lassen.

SERVIEREN: Das Sorbet etwa 15 Minuten vor dem Servieren aus dem Tiefkühlfach nehmen und in den Kühlschrank stellen, damit es leicht antaut und seinen Geschmack entfalten kann.

BROMBEERSORBET

Für etwa 1 Liter Sorbet

600 g Brombeeren

170 g Zucker

150 ml Wasser

3 EL Glukosepulver

Saft von ½ Zitrone

VORBEREITUNG: Die Brombeeren mit 40 Gramm Zucker im Mixer pürieren, das Püree durch ein feinmaschiges Sieb streichen und kühl stellen.

ZUBEREITUNG: Das Wasser, den restlichen Zucker und das Glukosepulver in einen Topf geben, alles einmal aufkochen lassen, damit Läuterzucker entsteht.

ABKÜHLEN: Den Läuterzucker im eiskalten Wasserbad abkühlen lassen. Brombeerpüree und Läuterzucker mit dem Stabmixer verrühren, nach Belieben mit Zitronensaft abschmecken.

GEFRIEREN: Die Sorbetmasse in der Eismaschine gefrieren lassen, bis sie fest, aber nicht hart ist. Das Sorbet in eine Plastikbox füllen, mit Backpapier abdecken und das Papier glatt streichen, damit keine Blasen entstehen. Dann in der luftdicht verschlossenen Box mindestens 4 Stunden im Tiefkühlfach fest werden lassen.

SERVIEREN: Das Brombeersorbet etwa 15 Minuten vor dem Servieren aus dem Tiefkühlfach nehmen und in den Kühlschrank stellen, damit es leicht antaut und seinen Geschmack entfalten kann.

ERDBEER-RHABARBER-SORBET

Für etwa 1 Liter Sorbet

3 Stangen Rhabarber

600 g Erdbeeren

210 g Zucker

200 ml Wasser

3 EL Glukosepulver

Saft von ½ Zitrone

VORBEREITUNG: Rhabarber waschen, Blattansatz und helle Enden entfernen, dann Stiele schälen und in Stücke schneiden. Die Erdbeeren mit 40 Gramm Zucker im Mixer pürieren. Das Erdbeermark durch ein feinmaschiges Sieb passieren und kühl stellen.

ZUBEREITUNG: Den Rhabarber im Wasser weich kochen, restlichen Zucker und Glukosepulver hinzufügen und alles kochen lassen, bis sich der Zucker aufgelöst hat.

ABKÜHLEN: Masse im eiskalten Wasserbad abkühlen lassen und durch ein feinmaschiges Sieb passieren. Erdbeermark zum Rhabarberpüree geben, mit dem Stabmixer gründlich verrühren. Den Mix nach Belieben mit Zitronensaft abschmecken. Die Masse einige Stunden im Kühlschrank ruhen lassen.

GEFRIEREN: Danach die Masse in der Eismaschine gefrieren lassen, bis sie fest, aber nicht hart ist. Sorbet in eine Plastikbox füllen, mit Backpapier abdecken und das Papier glatt streichen, damit keine Blasen entstehen. Das Sorbet in der luftdicht verschlossenen Box mindestens 4 Stunden im Tiefkühlfach fest werden lassen.

SERVIEREN: Das Sorbet etwa 15 Minuten vor dem Servieren aus dem Tiefkühlfach nehmen und in den Kühlschrank stellen, damit es leicht antaut und seinen Geschmack entfalten kann.

PIÑA-COLADA-SORBET

Für etwa 1 Liter Sorbet

1 frische Ananas (etwa 500 ml Fruchtpüree)

200 ml Kokosmilch

120 g Puderzucker

100 ml brauner Rum

100 g Sahne

Saft von ½ Zitrone

20 g Kokosraspel (nach Belieben)

VORBEREITUNG: Ananas schälen und in Stücke schneiden. Das Fruchtfleisch im Mixer fein pürieren und das Püree durch ein feinmaschiges Sieb streichen.

ZUBEREITUNG: Ananaspüree, Kokosmilch, Puderzucker, Rum und Sahne im Mixer gründlich verrühren, bis sich der Zucker aufgelöst hat. Masse mit Zitronensaft abschmecken.

GEFRIEREN: Die Sorbetmasse in der Eismaschine gefrieren lassen, bis sie fest, aber nicht hart ist. Sorbet in eine Plastikbox füllen, mit Backpapier abdecken und das Papier glatt streichen, damit keine Blasen entstehen. Das Sorbet in der luftdicht verschlossenen Box mindestens 4 Stunden im Tiefkühlfach fest werden lassen.

SERVIEREN: Das Sorbet etwa 15 Minuten vor dem Servieren aus dem Tiefkühlfach nehmen und in den Kühlschrank stellen, damit es leicht antaut und seinen Geschmack entfalten kann.

HIMBEERSORBET

Für etwa 1 Liter Sorbet

700 g Himbeeren (frisch oder aufgetaut)

210 g Zucker

200 ml Wasser

3 EL Glukosepulver

Saft von ½ Zitrone

VORBEREITUNG: Die Himbeeren mit 40 Gramm Zucker pürieren, das Püree durch ein feinmaschiges Sieb streichen und kühl stellen.

ZUBEREITUNG: Das Wasser, den restlichen Zucker und das Glukosepulver in einen Topf geben und alles einmal aufkochen lassen, damit Läuterzucker entsteht.

ABKÜHLEN: Den Läuterzucker im eiskalten Wasserbad abkühlen lassen. Himbeerpüree und Läuterzucker mit dem Stabmixer verrühren. Masse nach Belieben mit Zitronensaft abschmecken.

GEFRIEREN: Die Sorbetmasse in der Eismaschine gefrieren lassen, bis sie fest, aber nicht hart ist. Sorbet in eine Plastikbox geben, mit Backpapier abdecken und das Papier glatt streichen, damit keine Blasen entstehen. Das Sorbet in der luftdicht verschlossenen Box mindestens 4 Stunden im Tiefkühlfach fest werden lassen.

SERVIEREN: Das Himbeersorbet etwa 15 Minuten vor dem Servieren aus dem Tiefkühlfach nehmen und in den Kühlschrank stellen, damit es leicht antaut und seinen Geschmack entfalten kann.

MANGOSORBET

Für etwa 1 Liter Sorbet

3 reife Mangos (etwa 600 ml Fruchtpüree)

170 g Zucker

150 ml Wasser

3 EL Glukosepulver

Saft von 1 Limette

VORBEREITUNG: Die Mangos schälen, von den Steinen befreien und das Fruchtfleisch in Stücke schneiden. Mangostücke pürieren, das Püree durch ein feinmaschiges Sieb streichen und kühl stellen.

ZUBEREITUNG: Zucker, Wasser und Glukosepulver in einem Topf einmal aufkochen lassen, damit Läuterzucker entsteht.

ABKÜHLEN: Den Läuterzucker im eiskalten Wasserbad abkühlen lassen. Mangopüree und Läuterzucker mit dem Stabmixer verrühren. Masse nach Belieben mit Limettensaft abschmecken.

GEFRIEREN: Die Sorbetmasse in der Eismaschine gefrieren lassen, bis sie fest, aber nicht hart ist. Sorbet in eine Plastikbox füllen, mit Backpapier abdecken und das Papier glatt streichen, damit keine Blasen entstehen. Dann das Sorbet in der luftdicht verschlossenen Box mindestens 4 Stunden im Tiefkühlfach fest werden lassen.

SERVIEREN: Das Mangosorbet etwa 15 Minuten vor dem Servieren aus dem Tiefkühlfach nehmen und in den Kühlschrank stellen, damit es leicht antaut und seinen Geschmack entfalten kann.

ERDBEERSORBET

Für etwa 1 Liter Sorbet

700 g Erdbeeren (frisch oder aufgetaut)

170 g Zucker

200 ml Wasser

3 EL Glukosepulver

2 EL Kirschlikör (nach Belieben)

Saft von ½ Zitrone

VORBEREITUNG: Erdbeeren mit 40 Gramm Zucker im Mixer pürieren, das Erdbeermark durch ein feinmaschiges Sieb streichen und kühl stellen.

ZUBEREITUNG: Wasser, restlichen Zucker, Glukosepulver und Likör in einen Topf geben und alles einmal aufkochen lassen, damit Läuterzucker entsteht.

ABKÜHLEN: Den Läuterzucker im eiskalten Wasserbad abkühlen lassen. Erdbeermark und Läuterzucker mit dem Stabmixer verrühren. Sorbetmix nach Belieben mit Zitronensaft abschmecken.

GEFRIEREN: Den Sorbetmix in der Eismaschine gefrieren lassen, bis er fest, aber nicht hart ist. Sorbet in eine Plastikbox füllen, mit Backpapier abdecken und das Papier glatt streichen, damit keine Blasen entstehen. Dann in der luftdicht verschlossenen Box mindestens 4 Stunden im Tiefkühlfach fest werden lassen.

SERVIEREN: Das Sorbet etwa 15 Minuten vor dem Servieren aus dem Tiefkühlfach nehmen und in den Kühlschrank stellen, damit es leicht antaut und seinen Geschmack entfalten kann.

◂ Hier wurden ein Erdbeersorbet und Vanilleeis beim Gefrieren übereinandergeschichtet. Auf Seite 16 gibt es mehr Informationen zum Thema »Eisterrinen und Eistorten«.

HIMBEER-CHAMPAGNER-SORBET

Für etwa ½ Liter Sorbet

200 g Himbeeren (frisch oder aufgetaut)

300 ml Champagner oder Schaumwein

50 ml Wasser

85 g Zucker

VORBEREITUNG: Die Himbeeren im Mixer pürieren.

ZUBEREITUNG: Champagner, Wasser und Zucker in einen Topf mit dickem Boden geben und aufkochen lassen. Das Himbeerpüree hinzufügen und den Topf vom Herd nehmen. Den Mix 10 Minuten ziehen lassen.

ABKÜHLEN: Den Mix im eiskalten Wasserbad abkühlen lassen, dann durch ein feinmaschiges Sieb passieren und einige Stunden im Kühlschrank ruhen lassen.

GEFRIEREN: Den Sorbetmix in der Eismaschine gefrieren lassen, bis er fest, aber nicht hart ist. Sorbet in eine Plastikbox füllen, mit Backpapier abdecken und das Papier glatt streichen, damit keine Blasen entstehen. Das Sorbet in der luftdicht verschlossenen Box mindestens 4 Stunden im Tiefkühlfach fest werden lassen.

SERVIEREN: Das Sorbet etwa 15 Minuten vor dem Servieren aus dem Tiefkühlfach nehmen und in den Kühlschrank stellen, damit es leicht antaut und seinen Geschmack entfalten kann. Es sollte innerhalb von 2 Tagen verzehrt werden.

MOKKASHERBET

Sherbet ist eine Sorbetvariante, die außer Fruchtpüree und Läuterzucker noch Milch enthält.

Für etwa 1 Liter Sherbet

500 ml sehr starker Kaffee

130 g Zucker

50 g ungezuckertes Kakaopulver

1 Prise Salz

2 EL heller Honig oder Glukosepulver

200 ml Vollmilch

ZUBEREITUNG: Kaffee, Zucker, Kakaopulver und Salz in einen großen Topf mit dickem Boden geben und alles aufkochen lassen. Honig oder Glukosepulver hinzufügen und das Ganze unter ständigem Rühren einige Minuten köcheln lassen. Den Topf vom Herd nehmen und die Milch mit einem Schneebesen unterrühren.

ABKÜHLEN: Den Sherbetmix im eiskalten Wasserbad abkühlen lassen.

GEFRIEREN: Den Mix in der Eismaschine gefrieren lassen, bis er fest, aber nicht hart ist. Sherbet in eine Plastikbox füllen, mit Backpapier abdecken und das Papier glatt streichen, damit sich keine Blasen bilden. Dann das Sherbet in der luftdicht verschlossenen Box mindestens 4 Stunden im Tiefkühlfach fest werden lassen.

SERVIEREN: Das Mokkasherbet etwa 15 Minuten vor dem Servieren aus dem Tiefkühlfach nehmen und in den Kühlschrank stellen, damit es leicht antaut und seinen Geschmack entfalten kann.

MANDARINENSORBET

Für etwa 1,2 Liter Sorbet

15–18 unbehandelte Mandarinen (etwa 2 kg)

150 ml Wasser

170 g Zucker

3 EL Glukosepulver

Saft von ½ Zitrone

VORBEREITUNG: Die Mandarinen gründlich waschen. Die Schale von drei bis vier Früchten abreiben und in einen Topf geben. Mandarinen auspressen (man braucht etwa 800 Milliliter Saft), Saft durch ein feinmaschiges Sieb gießen und kühl stellen.

ZUBEREITUNG: Wasser, Zucker und Glukosepulver in einen Topf geben und einmal aufkochen lassen, damit Läuterzucker entsteht. Läuterzucker 15 Minuten ziehen lassen.

ABKÜHLEN: Den Läuterzucker im eiskalten Wasserbad abkühlen lassen. Mandarinensaft und Läuterzucker mit dem Stabmixer verrühren. Sorbetmix nach Belieben mit Zitronensaft abschmecken.

GEFRIEREN: Den Sorbetmix in der Eismaschine gefrieren lassen, bis er fest, aber nicht hart ist. Sorbet in eine Plastikbox füllen, mit Backpapier abdecken und das Papier glatt streichen, damit keine Blasen entstehen. Dann das Sorbet in der luftdicht verschlossenen Box mindestens 4 Stunden im Tiefkühlfach fest werden lassen.

SERVIEREN: Das Mandarinensorbet 15 Minuten vor dem Servieren aus dem Tiefkühlfach nehmen und in den Kühlschrank stellen, damit es leicht antaut und seinen Geschmack entfalten kann.

HIMBEERSHERBET

Für etwa 1 Liter Sherbet

200 g Himbeeren (frisch oder aufgetaut)

170 g Zucker

2 EL heller Honig oder Glukosepulver

450 ml Vollmilch

Saft von ½ Zitrone

VORBEREITUNG: Die Himbeeren im Mixer pürieren und das Püree durch ein feinmaschiges Sieb streichen.

ZUBEREITUNG: Zucker und Honig oder Glukosepulver in einen Topf geben und unter ständigem Rühren einige Minuten köcheln lassen, bis alles geschmolzen ist (Vorsicht, die Lösung darf nicht karamellisieren). Den Topf vom Herd nehmen und die Milch sofort mit dem Schneebesen unter die noch heiße Masse rühren.

ABKÜHLEN: Die Mischung im eiskalten Wasserbad abkühlen lassen. Das Himbeerpüree unterrühren und den Mix nach Belieben mit Zitronensaft abschmecken.

GEFRIEREN: Den Sherbetmix in der Eismaschine gefrieren lassen, bis er fest, aber nicht hart ist. Sherbet in eine Plastikbox füllen, mit Backpapier abdecken und das Papier glatt streichen, damit keine Blasen entstehen. Dann das Sherbet in der luftdicht verschlossenen Box mindestens 4 Stunden im Tiefkühlfach fest werden lassen.

SERVIEREN: Das Himbeersherbet etwa 15 Minuten vor dem Servieren aus dem Tiefkühlfach nehmen und in den Kühlschrank stellen, damit es leicht antaut und seinen Geschmack entfalten kann.

PFLAUMENSORBET

Für etwa 1,2 Liter Sorbet

1 kg rote Pflaumen

200 ml Wasser

170 g Zucker

3 EL Glukosepulver

Saft von ½ Zitrone

VORBEREITUNG: Die Pflaumen halbieren, entsteinen und klein schneiden.

ZUBEREITUNG: Pflaumen, Wasser, Zucker und Glukosepulver in einen Topf geben, etwa 10 Minuten kochen lassen, bis die Pflaumen weich sind. Masse bei Zimmertemperatur etwas abkühlen lassen, danach in den Mixer geben und pürieren. Das Püree nach Belieben mit Zitronensaft abschmecken und dann durch ein feinmaschiges Sieb streichen.

ABKÜHLEN: Das Pflaumenpüree im eiskalten Wasserbad abkühlen lassen.

GEFRIEREN: Den Sorbetmix in der Eismaschine gefrieren lassen, bis er fest, aber nicht hart ist. Sorbet in eine Plastikbox füllen, mit Backpapier abdecken und das Papier glatt streichen, damit keine Blasen entstehen. Dann das Sorbet in der luftdicht verschlossenen Box mindestens 4 Stunden im Tiefkühlfach fest werden lassen.

SERVIEREN: Das Pflaumensorbet etwa 15 Minuten vor dem Servieren aus dem Tiefkühlfach nehmen und in den Kühlschrank stellen, damit es leicht antaut und seinen Geschmack entfalten kann.

ZITRONENSHERBET

Für etwa 1,2 Liter Sherbet

6–7 unbehandelte Zitronen

250 ml Wasser

220 g Zucker

3 EL Glukosepulver

250 ml Vollmilch

VORBEREITUNG: Zitronen gründlich waschen, Schale von zwei Zitronen abreiben und in einen Topf geben. Zitronen auspressen (es werden etwa 250 Milliliter Saft benötigt). Den Saft durch ein feinmaschiges Sieb gießen und kühl stellen.

ZUBEREITUNG: Wasser, Zucker und Glukosepulver zur abgeriebenen Zitronenschale hinzufügen und alles einmal aufkochen lassen, damit Läuterzucker entsteht. Läuterzucker 15 Minuten ziehen lassen, dann durch ein feinmaschiges Sieb gießen.

ABKÜHLEN: Den Läuterzucker im eiskalten Wasserbad abkühlen lassen. Zitronensaft, Milch und Läuterzucker gründlich mit dem Stabmixer verrühren.

GEFRIEREN: Den Sherbetmix in der Eismaschine gefrieren lassen, bis er fest, aber nicht hart ist. Die Masse in eine Plastikbox füllen, mit Backpapier abdecken und das Papier glatt streichen, damit keine Blasen entstehen. Das Sherbet in der luftdicht verschlossenen Box mindestens 4 Stunden im Tiefkühlfach fest werden lassen.

SERVIEREN: Das Zitronensherbet etwa 15 Minuten vor dem Servieren aus dem Tiefkühlfach nehmen und in den Kühlschrank stellen, damit es leicht antaut und seinen Geschmack entfalten kann.

TIPP!
Nach dem gleichen Rezept lässt sich ein Limettensherbet herstellen. Statt Zitronen verwendet man die gleiche Anzahl Limetten.

WASSERMELONEN-GRANITÉ

Für etwa 1 Liter Granité

½ Wassermelone (mittelgroß)

2 Limetten

200 ml Wasser

170 g Zucker

VORBEREITUNG: Kerne aus der Melone mit einem Löffel herausschaben, Fruchtfleisch herauslösen und in Stücke schneiden. Die Limetten auspressen, Saft zum Melonenfruchtfleisch geben und alles fein pürieren. Das Fruchtpüree durch ein feinmaschiges Sieb passieren. 600 Milliliter Püree abmessen und kühl stellen.

ZUBEREITEN: Wasser und Zucker in einen Topf geben, unter ständigem Rühren aufkochen lassen, bis sich der Zucker aufgelöst hat und Läuterzucker entstanden ist.

ABKÜHLEN: Den Läuterzucker im eiskalten Wasserbad abkühlen lassen. Dann das Melonenpüree und den Läuterzucker im Mixer verrühren.

GEFRIEREN: Den Granitémix in einer Plastikbox luftdicht verschlossen ins Tiefkühlfach stellen. Die Box nur zur Hälfte befüllen, da sich die Flüssigkeit ausdehnt, wenn sie gefriert. Außerdem benötigt man beim Umrühren Platz in der Box. Und je dünner die Granitéschicht ist, umso schneller gefriert sie! Die Box einmal pro Stunde herausnehmen und die Masse mit einer Gabel durchrühren. Die Eiskristalle am Behälterrand abschaben und unterrühren, größere Teile mit der Gabel zerstoßen. Das fertige Granité sollte aus vielen kleinen Eiskristallen bestehen. Ist das Granité zu hart gefroren, einige Minuten bei Zimmertemperatur antauen lassen und dann erneut durchrühren.

SERVIEREN: Granité schmilzt schnell und sollte sofort serviert werden – zum Beispiel in Dekogläsern, mit Limettenzesten und Minzeblättern garniert. Granité schmeckt am besten frisch zubereitet.

GRAPEFRUIT-GRANITÉ

Für etwa 1 Liter Granité

3–4 rotfleischige Grapefruits

400 ml Wasser

170 g Zucker

VORBEREITUNG: Grapefruits auspressen (man braucht etwa 400 Milliliter Saft), den Saft durch ein Sieb gießen und kühl stellen.

ZUBEREITEN: Wasser und Zucker in einem Topf unter ständigem Rühren aufkochen lassen, bis sich der Zucker aufgelöst hat und Läuterzucker entstanden ist.

ABKÜHLEN: Den Läuterzucker im eiskalten Wasserbad abkühlen lassen. Dann Läuterzucker und Grapefruitsaft im Mixer verrühren.

GEFRIEREN: Den Granitémix in einer Plastikbox luftdicht verschlossen ins Tiefkühlfach stellen. Die Box nur zur Hälfte befüllen, da sich die Flüssigkeit ausdehnt, wenn sie gefriert. Außerdem benötigt man beim Umrühren Platz in der Box. Und je dünner die Granitéschicht ist, umso schneller gefriert sie! Die Box einmal pro Stunde herausnehmen und die Masse mit einer Gabel durchrühren. Die Eiskristalle am Behälterrand abschaben und unterrühren, größere Teile mit der Gabel zerstoßen. Das fertige Granité sollte aus vielen kleinen Eiskristallen bestehen. Ist das Granité zu hart gefroren, einige Minuten bei Zimmertemperatur antauen lassen und dann erneut durchrühren.

SERVIEREN: Granité schmilzt schnell und sollte sofort serviert werden – zum Beispiel in Dekogläsern, mit einer Grapefruitscheibe und Minzeblättern garniert. Granité schmeckt am besten frisch zubereitet.

ERDBEER-GRANITÉ

Für etwa 1 Liter Granité

400 g Erdbeeren (frisch oder aufgetaut)

500 ml Wasser

85 g Zucker

VORBEREITEN: Die Erdbeeren pürieren, durch ein feinmaschiges Sieb streichen und das Mark kühl stellen.

ZUBEREITEN: Wasser und Zucker in einem Topf unter ständigem Rühren aufkochen, bis sich der Zucker aufgelöst hat.

ABKÜHLEN: Den Läuterzucker im eiskalten Wasserbad abkühlen lassen. Das Erdbeerpüree und den Läuterzucker im Mixer verrühren.

GEFRIEREN: Den Granitémix in einer Plastikbox luftdicht verschlossen in den Kühlschrank stellen. Die Box nur zur Hälfte befüllen, da sich die Flüssigkeit ausdehnt, wenn sie gefriert. Außerdem benötigt man beim Umrühren Platz in der Box. Und je dünner die Granitéschicht ist, umso schneller gefriert sie! Die Box einmal pro Stunde herausnehmen und die Masse mit einer Gabel durchrühren. Die Eiskristalle am Behälterrand abschaben und unterrühren, größere Teile mit der Gabel zerstoßen. Das fertige Granité sollte aus vielen kleinen Eiskristallen bestehen. Ist das Granité zu hart gefroren, einige Minuten bei Zimmertemperatur antauen lassen und dann erneut durchrühren.

SERVIEREN: Granité schmilzt schnell und sollte sofort serviert werden – zum Beispiel in Dekogläsern, mit Erdbeeren und Minzeblättern garniert. Granité schmeckt am besten frisch zubereitet.

MOJITO-GRANITÉ

Für etwa 1 Liter Granité

6–8 unbehandelte Limetten

50 g frische Minzeblätter

600 ml Wasser

100 g Farinzucker

100 ml weißer Rum

VORBEREITUNG: Zwei Limetten waschen und sehr dünne Schalen mit einem Sparschäler abziehen. Limetten auspressen (man braucht etwa 120 Milliliter Saft). Die Minzeblätter im Mörser zerstoßen, damit sich die ätherischen Öle entfalten können. Sechs Blätter beiseitelegen.

ZUBEREITUNG: Wasser, Zucker und Limettenschalen in einen Topf geben und unter ständigem Rühren aufkochen lassen, bis sich der Zucker aufgelöst hat. Zerstoßene Minzeblätter hinzufügen, Topf vom Herd nehmen, Deckel auflegen und alles 10 Minuten ziehen lassen. Den Deckel wieder abnehmen und die Mischung bei Zimmertemperatur abkühlen lassen. Danach alles durch ein feinmaschiges Sieb passieren und die Minzeblätter und Limettenschalen mit einem Löffel gut ausdrücken. Limettensaft und Rum unter die Zuckerlösung rühren. Die sechs Minzeblätter fein hacken und dazugeben.

GEFRIEREN: Den Granitémix in einer Plastikbox luftdicht verschlossen ins Tiefkühlfach stellen. Die Box nur zur Hälfte befüllen, da sich die Flüssigkeit ausdehnt, wenn sie gefriert. Außerdem benötigt man beim Umrühren Platz in der Box. Und je dünner die Granitéschicht ist, umso schneller gefriert sie! Die Box einmal pro Stunde herausnehmen und die Masse mit einer Gabel durchrühren. Die Eiskristalle am Behälterrand abschaben und unterrühren, größere Teile mit der Gabel zerstoßen. Das fertige Granité sollte aus vielen kleinen Eiskristallen bestehen. Ist das Granité zu hart gefroren, einige Minuten bei Zimmertemperatur antauen lassen und dann erneut durchrühren.

SERVIEREN: Granité schmilzt schnell und sollte sofort serviert werden – zum Beispiel in Dekogläsern, mit einer Limettenscheibe und Minzeblättern garniert. Granité schmeckt am besten frisch zubereitet.

MANGO-GRANITÉ

Für etwa 1 Liter Granité

2 reife Mangos

400 ml Wasser

130 g Zucker

VORBEREITUNG: Mangos schälen und von den Steinen befreien. Das Fruchtfleisch klein schneiden, mit dem Stabmixer pürieren und durch ein feinmaschiges Sieb passieren. 400 Milliliter Mangopüree abmessen und kühl stellen.

ZUBEREITUNG: Wasser und Zucker in einen Topf geben und unter ständigem Umrühren einmal aufkochen lassen, damit Läuterzucker entsteht.

ABKÜHLEN: Den Läuterzucker im eiskalten Wasserbad abkühlen lassen. Das Mangopüree und den Läuterzucker im Mixer verrühren.

GEFRIEREN: Den Granitémix in einer Plastikbox luftdicht verschlossen ins Tiefkühlfach stellen. Die Box nur zur Hälfte befüllen, da sich die Flüssigkeit ausdehnt, wenn sie gefriert. Außerdem benötigt man beim Umrühren Platz in der Box. Und je dünner die Granitéschicht ist, umso schneller gefriert sie! Die Box einmal pro Stunde herausnehmen und die Masse mit einer Gabel durchrühren. Die Eiskristalle am Behälterrand abschaben und unterrühren, größere Teile mit der Gabel zerstoßen. Das fertige Granité sollte aus vielen kleinen Eiskristallen bestehen. Ist das Granité zu hart gefroren, einige Minuten bei Zimmertemperatur antauen lassen und dann erneut durchrühren.

SERVIEREN: Granité schmilzt schnell und sollte sofort serviert werden – zum Beispiel in Dekogläsern, mit einer Mangoscheibe und Minzeblättern garniert. Granité schmeckt am besten frisch zubereitet.

PREISELBEER-GRANITÉ

Für etwa 1 Liter Granité

400 g Preiselbeeren (frisch oder aufgetaut)

500 ml Wasser

130 g Zucker

VORBEREITEN: Die Preiselbeeren pürieren, durch ein feinmaschiges Sieb streichen und das Püree kühl stellen.

ZUBEREITEN: Wasser und Zucker in einem Topf unter ständigem Rühren aufkochen lassen, bis sich der Zucker aufgelöst hat.

ABKÜHLEN: Den Läuterzucker abkühlen lassen. Das Preiselbeerpüree und den Läuterzucker mit dem Stabmixer verrühren.

GEFRIEREN: Den Granitémix in einer Plastikbox luftdicht verschlossen ins Tiefkühlfach stellen. Die Box nur zur Hälfte befüllen, da sich die Flüssigkeit ausdehnt, wenn sie gefriert. Außerdem benötigt man beim Umrühren Platz in der Box. Und je dünner die Granitéschicht ist, umso schneller gefriert sie! Die Box einmal pro Stunde herausnehmen und die Masse mit einer Gabel durchrühren. Die Eiskristalle am Behälterrand abschaben und unterrühren, größere Teile mit der Gabel zerstoßen. Das fertige Granité sollte aus vielen kleinen Eiskristallen bestehen. Ist das Granité zu hart gefroren, einige Minuten bei Zimmertemperatur antauen lassen und dann erneut durchrühren.

SERVIERVORSCHLAG: Granité schmilzt schnell und sollte sofort serviert werden – zum Beispiel in Dekogläsern, mit einigen Preiselbeeren garniert. Granité schmeckt am besten frisch zubereitet.

PASSIONSFRUCHT-GRANITÉ

Für etwa 1 Liter Granité

Etwa 1,5 kg Passionsfrüchte

500 ml Wasser

130 g Zucker

VORBEREITUNG: Die Passionsfrüchte quer halbieren, das gallertartige Fruchtfleisch inklusive Kernen mit einem Löffel herauslösen und durch ein Sieb streichen. 300 Milliliter Fruchtmark abmessen und kühl stellen.

ZUBEREITUNG: Wasser und Zucker in einen Topf geben und unter ständigem Rühren einmal aufkochen lassen, damit Läuterzucker entsteht.

ABKÜHLEN: Den Läuterzucker im eiskalten Wasserbad abkühlen lassen. Das Fruchtmark mit dem Läuterzucker im Mixer verrühren.

GEFRIEREN: Den Granitémix in einer Plastikbox luftdicht verschlossen ins Tiefkühlfach stellen. Die Box nur zur Hälfte befüllen, da sich die Flüssigkeit ausdehnt, wenn sie gefriert. Außerdem benötigt man beim Umrühren Platz in der Box. Und je dünner die Granitéschicht ist, umso schneller gefriert sie! Die Box einmal pro Stunde herausnehmen und die Masse mit einer Gabel durchrühren. Die Eiskristalle am Behälterrand abschaben und unterrühren, größere Teile mit der Gabel zerstoßen. Das fertige Granité sollte aus vielen kleinen Eiskristallen bestehen. Ist das Granité zu hart gefroren, einige Minuten bei Zimmertemperatur antauen lassen und dann erneut durchrühren.

SERVIEREN: Granité schmilzt schnell und sollte sofort serviert werden – zum Beispiel in Dekogläsern, mit einem Stück Passionsfrucht oder einigen Kernen und Minzeblättern garniert. Granité schmeckt am besten frisch zubereitet.

ESPRESSO-GRANITÉ

Für etwa 1 Liter Granité

800 ml warmer Espresso oder sehr starker Kaffee

1 EL Kakaopulver

250 g Zucker

ZUBEREITUNG: Kaffee oder Espresso, Kakaopulver und Zucker verrühren, bis sich der Zucker aufgelöst hat.

ABKÜHLEN: Die Mischung im eiskalten Wasserbad abkühlen lassen.

GEFRIEREN: Den Granitémix in einer Plastikbox luftdicht verschlossen ins Tiefkühlfach stellen. Die Box nur zur Hälfte befüllen, da sich die Flüssigkeit ausdehnt, wenn sie gefriert. Außerdem benötigt man beim Umrühren Platz in der Box. Und je dünner die Granitéschicht ist, umso schneller gefriert sie! Die Box einmal pro Stunde herausnehmen und die Masse mit einer Gabel durchrühren. Die Eiskristalle am Behälterrand abschaben und unterrühren, größere Teile mit der Gabel zerstoßen. Das fertige Granité sollte aus vielen kleinen Eiskristallen bestehen. Ist das Granité zu hart gefroren, einige Minuten bei Zimmertemperatur antauen lassen und dann erneut durchrühren.

SERVIEREN: Granité schmilzt schnell und sollte sofort serviert werden – zum Beispiel in Keramikbechern, mit einigen Kaffeebohnen garniert. Granité schmeckt am besten frisch zubereitet.

ERDBEER-FRISCHKÄSE-STIELEIS

Für 6–8 Stück

250 g Erdbeeren

4 EL Zucker

Saft von ½ Zitrone

1 TL Vanillezucker

150 g Doppelrahm-Frischkäse

100 g Vollkorn-Butterkekse (davon 50 g in Stückchen geteilt und 50 g zerkrümelt)

2 EL Honig

1. Erdbeeren, drei Esslöffel Zucker, einen Esslöffel Zitronensaft und Vanillezucker im Mixer pürieren, bis sich der Zucker vollständig aufgelöst hat. Erdbeermark durch ein feinmaschiges Sieb passieren.
2. Ein Drittel des Erdbeermarks auf die Eisformen verteilen und die Formen für 30 Minuten in das Tiefkühlfach stellen.
3. Das restliche Erdbeermark mit dem Frischkäse und einem Esslöffel Zucker vermengen. Danach die Keksstücke zügig unter die Masse rühren.
4. Die Eisformen nicht ganz bis zum Rand mit der Masse füllen und die Formen für 45 Minuten ins Tiefkühlfach stellen.
5. Kekskrümel und Honig mit einem Löffel gründlich vermengen.
6. Die Eisformen aus dem Tiefkühlfach nehmen und die Keks-Honig-Mischung in die Formen geben. Die Stiele hineinstecken und das Eis für mindestens 6 Stunden ins Tiefkühlfach stellen (jedoch nicht länger als 1 Woche aufbewahren). Bei Eisformen ohne dazugehörige Stiele die Masse mindestens 45–60 Minuten gefrieren lassen, bevor man die Stiele hineinsteckt. Auf diese Weise verschieben sie sich nicht (siehe auch Seite 15).
7. Um das Eis aus der Form zu lösen, etwas warmes Wasser über die Form laufen lassen und vorsichtig am Stiel drehen.

WEISSE-SCHOKO-HIMBEER-STIELEIS

Für 6–8 Stück

100 g weiße Schokolade

100 ml Vollmilch

100 g Sahne

4 EL Zucker

1 Prise Salz

50 g TK-Himbeeren

1. Die Schokolade fein hacken.
2. Milch, Sahne, Zucker und Salz unter ständigem Rühren aufkochen lassen. Die Schokolade darin schmelzen und die Sahne-Schoko-Mischung kühl stellen.
3. Die erkaltete Masse in die Eisformen füllen und diese für 45 Minuten ins Tiefkühlfach geben, bis das Eis beginnt, fest zu werden.
4. Die gefrorenen Himbeeren gleichmäßig auf die Formen verteilen und vorsichtig in die Eismasse drücken.
5. Die Stiele in die Formen stecken und diese für mindestens 6 Stunden ins Tiefkühlfach stellen (jedoch nicht länger als 1 Woche aufbewahren). Bei Eisformen ohne dazugehörige Stiele die Masse mindestens 45–60 Minuten gefrieren lassen, bevor man die Stiele hineinsteckt. Auf diese Weise verschieben sie sich nicht (siehe auch Seite 15).
6. Um das Eis aus der Form zu lösen, etwas warmes Wasser über die Form laufen lassen und vorsichtig am Stiel drehen.

BROMBEER-STIELEIS

Für 6–8 Stück

360 g griechischer Joghurt (10 % Fettgehalt)

1 EL Vanillezucker

4 EL Zucker

100 g Brombeeren (frisch oder aufgetaut)

1. Joghurt, Vanillezucker und Zucker im Mixer verrühren. Etwa die Hälfte der Mischung umfüllen und beiseitestellen.
2. Die Hälfte der Brombeeren mit der restlichen Joghurtmasse im Mixer pürieren. Wenn keine Kerne im Eis erwünscht sind, das Püree durch ein feinmaschiges Sieb passieren.
3. Brombeerjoghurt auf die Eisformen verteilen und die Formen für 30–45 Minuten ins Tiefkühlfach stellen.
4. Die Eisformen wieder herausnehmen und mit dem restlichen Joghurt auffüllen. Formen nochmals für 30 Minuten ins Tiefkühlfach geben.
5. Die Formen aus dem Tiefkühlfach nehmen und die Stiele vorsichtig hineinstecken. Rund um die Stiele die restlichen Brombeeren (ganz oder halbiert) hineindrücken. Formen für mindestens 6 Stunden ins Tiefkühlfach stellen (jedoch nicht länger als 1 Woche aufbewahren). Bei Eisformen ohne dazugehörige Stiele das Eis mindestens 45–60 Minuten gefrieren lassen, bevor man die Stiele hineinsteckt. Auf diese Weise verschieben sie sich nicht (siehe auch Seite 15).
6. Um das Eis aus der Form zu lösen, etwas warmes Wasser über die Form laufen lassen und vorsichtig am Stiel drehen.

WASSEREIS AM STIEL

Für 6–8 Stück

250 ml Fruchtsaft (z. B. Himbeer-, Erdbeer- oder Heidelbeersaft)

250 ml Wasser

1. Saft und Wasser mischen.

2. Die Eisformen damit auffüllen und die Stiele hineinstecken. Die Formen für mindestens 6 Stunden ins Tiefkühlfach stellen (jedoch nicht länger als 1 Woche aufbewahren). Bei Eisformen ohne dazugehörige Stiele die Masse mindestens 45–60 Minuten gefrieren lassen, bevor man die Stiele hineinsteckt. Auf diese Weise verschieben sie sich nicht (siehe auch Seite 15).

3. Das Stieleis vor dem Servieren aus dem Tiefkühlfach nehmen und bei Zimmertemperatur 2 Minuten ruhen lassen.

4. Um das Eis aus der Form zu lösen, etwas warmes Wasser über die Form laufen lassen und vorsichtig am Stiel drehen.

TIPP!
Für Wassereis mit Streifenmuster werden verschiedenfarbige Säfte in Schichten gefroren. Dazu füllt man die erste Schicht in die Eisformen und lässt sie 30 Minuten gefrieren. Darauf verteilt man die nächste Farbschicht und stellt die Formen für weitere 30 Minuten in das Tiefkühlfach. Das kann je nach Größe der Formen beliebig oft wiederholt werden. Nach der letzten Schicht steckt man die Stiele in die Formen und lässt das Eis mindestens 6 Stunden gefrieren. Man kann das Wassereis mit Fruchtstücken oder ganzen Beeren garnieren.

HIMBEER-VANILLEJOGHURT-STIELEIS

Für 6–8 Stück

150 g Himbeeren (frisch oder aufgetaut)

40 g Zucker

2 EL heller Honig

360 g Vanillejoghurt

1. Einige Himbeeren zum Garnieren beiseitelegen.
2. Himbeeren, Zucker, Honig und 120 Gramm Joghurt im Mixer fein pürieren. Wenn keine Kerne im Eis erwünscht sind, das Püree durch ein feinmaschiges Sieb passieren.
3. Ungefähr die Hälfte des Himbeerpürees auf die Eisformen verteilen und die Formen für 30 Minuten ins Tiefkühlfach stellen.
4. Die Eisformen aus dem Tiefkühlfach nehmen und den restlichen Joghurt in die Formen füllen. Die beiseitegelegten Himbeeren halbieren und nach Belieben in die Formen stecken. Alles zurück ins Tiefkühlfach geben und 30 Minuten gefrieren lassen.
5. Die Formen wieder herausnehmen und mit dem restlichen Himbeerpüree auffüllen. Dann die Stiele in das Eis stecken. Die Formen für mindestens 6 Stunden ins Tiefkühlfach stellen (jedoch nicht länger als 1 Woche aufbewahren). Bei Eisformen ohne dazugehörige Stiele die Masse mindestens 45–60 Minuten gefrieren lassen, bevor man die Stiele hineinsteckt. Auf diese Weise verschieben sie sich nicht (siehe auch Seite 15).
6. Um das Eis aus der Form zu lösen, etwas warmes Wasser über die Form laufen lassen und vorsichtig am Stiel drehen.

GESTREIFTES-JOGHURT-STIELEIS

Für 6–8 Stück

420 g + 2 EL Vanillejoghurt

3 EL Schokoladensirup oder -sauce (siehe Seite 156)

2 EL Zucker

10 Erdbeeren (frisch oder aufgetaut)

1. 180 Gramm Joghurt mit dem Schokoladensirup oder der -sauce vermischen. Die Eisformen zu einem Drittel mit der Masse füllen und für 30 Minuten ins Tiefkühlfach stellen.
2. Die Eisformen aus dem Tiefkühlfach nehmen und 240 Gramm puren Joghurt auf die Formen verteilen. Formen wieder ins Tiefkühlfach stellen und weitere 30 Minuten gefrieren lassen.
3. Erdbeeren, Zucker und zwei Esslöffel Joghurt im Mixer fein pürieren und durch ein feinmaschiges Sieb passieren.
4. Die Eisformen wieder aus dem Tiefkühlfach nehmen und mit dem Erdbeermark auffüllen, dann die Stiele hineinstecken. Die Formen für mindestens 6 Stunden ins Tiefkühlfach stellen (jedoch nicht länger als 1 Woche aufbewahren). Bei Eisformen ohne dazugehörige Stiele die Masse mindestens 45–60 Minuten gefrieren lassen, bevor man die Stiele hineinsteckt. Auf diese Weise verschieben sie sich nicht (siehe auch Seite 15).
5. Um das Eis aus der Form zu lösen, etwas warmes Wasser über die Form laufen lassen und vorsichtig am Stiel drehen.

KOKOS-STIELEIS

Für 6–8 Stück

200 ml Kokosmilch

200 ml gezuckerte Kondensmilch

100 ml Vollmilch

1 TL Vanillezucker

1 Prise Salz

35 g Kokosraspel

1. Alle Zutaten bis auf die Kokosraspel gründlich vermischen. Zum Schluss die Kokosraspel unterrühren.

2. Die Masse auf die Eisformen verteilen und die Stiele hineinstecken. Die Formen für mindestens 6 Stunden ins Tiefkühlfach stellen (jedoch nicht länger als 1 Woche aufbewahren). Bei Eisformen ohne dazugehörige Stiele die Masse mindestens 45–60 Minuten gefrieren lassen, bevor man die Stiele hineinsteckt. Auf diese Weise verschieben sie sich nicht (siehe auch Seite 15).

3. Um das Eis aus der Form zu lösen, etwas warmes Wasser über die Form laufen lassen und vorsichtig am Stiel drehen.

TIPP!
Das Stieleis in geschmolzener Schokolade wenden. Das ist ganz leicht und sieht dekorativ aus!

SMOOTHIE-STIELEIS MIT MANGO UND ERDBEEREN

Für 6–8 Stück

1 reife Mango

4 EL Honig

Saft von 1 Limette

12 Erdbeeren

1. Die Mango mit einem Sparschäler abschälen. Das Fruchtfleisch vorsichtig vom harten Stein schneiden und zerkleinern. Die Mangostücke mit zwei Esslöffel Honig und der Hälfte des Limettensafts zu einem feinen Smoothie im Mixer pürieren und durch ein feinmaschiges Sieb passieren. Die Eisformen zu einem Drittel mit der Hälfte der Masse füllen und für 30 Minuten ins Tiefkühlfach stellen. Den Mixeraufsatz gründlich reinigen.

2. Die Erdbeeren mit zwei Esslöffel Honig und dem restlichen Limettensaft im Mixer fein pürieren, dann durch ein feinmaschiges Sieb passieren.

3. Die Eisformen aus dem Tiefkühlfach nehmen und die Erdbeer-Smoothie-Masse einfüllen. Formen für 30 Minuten in das Tiefkühlfach zurückstellen.

4. Die Eisformen wieder herausnehmen, mit dem restlichen Mango-Smoothie auffüllen und die Stiele hineinstecken.
Die Formen für mindestens 6 Stunden ins Tiefkühlfach stellen (jedoch nicht länger als 1 Woche aufbewahren). Bei Eisformen ohne dazugehörige Stiele die Masse mindestens 45–60 Minuten gefrieren lassen, bevor man die Stiele hineinsteckt. Auf diese Weise verschieben sie sich nicht (siehe auch Seite 15).

5. Um das Eis aus der Form zu lösen, etwas warmes Wasser über die Form laufen lassen und vorsichtig am Stiel drehen.

TIPP!
Smoothie-Stieleis lässt sich aus allen möglichen Beeren und Früchten herstellen. Hier kann man ganz nach Belieben kombinieren!

WASSERMELONEN-STIELEIS

Für 6–8 Stück

100 ml Wasser

4 EL Zucker

3 EL heller Honig

½ kleine Wassermelone

1 Limette

1. Wasser, Zucker und Honig in einem Topf kochen lassen, bis sich der Zucker aufgelöst hat. Den Läuterzucker auf Zimmertemperatur abkühlen lassen.
2. Aus der Melone mit einem Löffel etwa 400 Gramm Fruchtfleisch herauslösen, dabei die Kerne entfernen.
3. Die Limette auspressen. Darauf achten, dass keine Kerne zurückbleiben, sonst bekommt das Eis einen bitteren Beigeschmack.
4. Läuterzucker, Melonenfruchtfleisch und Limettensaft im Mixer pürieren, dann die Masse durch ein feines Sieb passieren.
5. Die Masse in die Eisformen füllen und die Stiele hineinstecken. Die Formen für mindestens 6 Stunden ins Tiefkühlfach stellen (jedoch nicht länger als 1 Woche aufbewahren). Bei Eisformen ohne dazugehörige Stiele die Masse mindestens 45–60 Minuten gefrieren lassen, bevor man die Stiele hineinsteckt. Auf diese Weise verschieben sie sich nicht (siehe auch Seite 15).
6. Um das Eis aus der Form zu lösen, etwas warmes Wasser über die Form laufen lassen und vorsichtig am Stiel drehen.

TIPP!
Statt der Wassermelone kann man auch 400 Gramm Fruchtfleisch von Honig-, Netz- oder Galiamelonen, Kiwis, Mangos oder anderen weichen Früchten verwenden.

FANTASIE-STIELEIS MIT JOGHURT UND BEEREN

Für dieses Eis eignen sich alle Beerensorten. Es schmeckt einfach köstlich!

Für 6–8 Stück

360 g griechischer Joghurt (10 % Fettgehalt)

60 g Puderzucker

2 EL heller Honig

100 g frische oder TK-Beeren

1. Joghurt, Puderzucker und Honig im Mixer verrühren.
2. Etwas Joghurtmischung in jede Eisform füllen und die Formen für 30 Minuten in das Tiefkühlfach stellen.
3. Die Beeren etwas zerkleinern, wenn sie für die Eisformen zu groß sind.
4. Die Formen aus dem Tiefkühlfach nehmen und mit den Beeren und der restlichen Joghurtmasse auffüllen. Stiele hineinstecken. Die Formen für mindestens 6 Stunden ins Tiefkühlfach stellen (jedoch nicht länger als 1 Woche aufbewahren). Bei Eisformen ohne dazugehörige Stiele die Masse mindestens 45–60 Minuten gefrieren lassen, bevor man die Stiele hineinsteckt. Auf diese Weise verschieben sie sich nicht (siehe auch Seite 15).
5. Um das Eis aus der Form zu lösen, etwas warmes Wasser über die Form laufen lassen und vorsichtig am Stiel drehen.

STIELEIS MIT FRUCHTSTÜCKEN

Für 6–8 Stück

½ reife Mango

5–6 Orangen

1 Zitrone

4 EL Puderzucker

3 EL heller Honig

1. Die Mango mit einem Sparschäler abschälen. Das Fruchtfleisch vorsichtig vom harten Kern schneiden und zerkleinern.
2. Orangen und Zitrone auspressen. Darauf achten, dass keine Kerne zurückbleiben, sonst bekommt das Eis einen bitteren Beigeschmack.
3. 500 Milliliter Zitrussaft mit Puderzucker und Honig im Mixer pürieren, bis sich der Zucker aufgelöst hat.
4. Die Saftmischung in die Eisformen füllen, dabei etwas Platz für die Mangostückchen frei lassen. Die Formen für 30 Minuten in das Tiefkühlfach stellen, bis das Eis zähflüssig ist.
5. Die Eisformen aus dem Tiefkühlfach nehmen, die Masse vorsichtig umrühren und die Fruchtstückchen untermischen. Die Stiele in die Formen stecken und diese für mindestens 6 Stunden ins Tiefkühlfach stellen (jedoch nicht länger als 1 Woche aufbewahren). Bei Eisformen ohne dazugehörige Stiele die Masse mindestens 45–60 Minuten gefrieren lassen, bevor man die Stiele hineinsteckt. Auf diese Weise verschieben sie sich nicht (siehe auch Seite 15).
6. Um das Eis aus der Form zu lösen, etwas warmes Wasser über die Form laufen lassen und vorsichtig am Stiel drehen.

TIPP!
Das Eis erhält ein interessantes Muster, wenn man statt Mangostückchen zerkleinerte Erdbeeren oder Himbeeren verwendet.

STIELEIS MIT SÜSSIGKEITEN

Für 6–8 Stück

½ Liter Vanilleeis (am besten selbst hergestellt)

100 g Süßigkeiten (nach Belieben)

1. Die Eiscreme in eine Schüssel füllen und antauen lassen, bis man die gewünschten Süßigkeiten untermischen kann.

2. Die Süßigkeiten mit einem Holzlöffel untermengen.

3. Die Masse auf die Eisformen verteilen und die Oberfläche glatt streichen, damit sich keine Luftblasen im Eis bilden können. Die Stiele in die Formen stecken und diese für mindestens 6 Stunden ins Tiefkühlfach stellen (jedoch nicht länger als 1 Woche aufbewahren). Bei Eisformen ohne dazugehörige Stiele die Masse mindestens 45–60 Minuten gefrieren lassen, bevor man die Stiele hineinsteckt. Auf diese Weise verschieben sie sich nicht (siehe auch Seite 15).

4. Um das Eis aus der Form zu lösen, etwas warmes Wasser über die Form laufen lassen und vorsichtig am Stiel drehen.

TIPP!
Die Eismasse kann zum Beispiel mit gehackter Schokolade, Nüssen, einem zerkleinerten Schoko-Krokant-Riegel, Zuckerstangen, Schoko-Minz-Blättchen oder Schokolinsen gemischt werden. Es eignen sich auch zerkleinerte Kekse, Brownies oder Marshmallows.

FEURIGES ANANAS-STIELEIS

Für 6–8 Stück

½ Ananas, geschält und zerkleinert

100 ml Wasser

3 EL weißer Rum

3 EL Zucker

1 EL Limettensaft

1 Prise Cayennepfeffer

Chilischoten, in Röllchen geschnitten, zum Garnieren (nach Belieben)

1. Alle Zutaten im Mixer pürieren, bis sich der Zucker vollständig aufgelöst hat. Püree durch ein feinmaschiges Sieb passieren.

2. Die Eisformen mit der Masse befüllen, nach Belieben die Chilisschotenröllchen hineingeben und die Stiele hineinstecken. Die Formen für mindestens 8 Stunden ins Tiefkühlfach stellen (jedoch nicht länger als 1 Woche aufbewahren). Bei Eisformen ohne dazugehörige Stiele die Masse mindestens 45–60 Minuten gefrieren lassen, bevor man die Stiele hineinsteckt. Auf diese Weise verschieben sie sich nicht (siehe auch Seite 15).

3. Um das Eis aus der Form zu lösen, etwas warmes Wasser über die Form laufen lassen und vorsichtig am Stiel drehen.

MOJITO-STIELEIS

Für 6–8 Stück

1 Limette

frische Minzeblätter, vorzugsweise Pfefferminze (Menge von etwa 1 Kräutertopf)

350 ml Wasser

3 EL Farinzucker

3 EL weißer Rum

1. Die Limette heiß abwaschen und dünne Schalen mit einem Sparschäler abziehen. Dann die Limette auspressen.
2. Die Minzeblätter im Mörser zerstoßen, damit sich die ätherischen Öle entfalten können. Einige Blätter beiseitelegen.
3. Wasser, Zucker und Limettenschalen in einen Topf geben und unter ständigem Rühren aufkochen lassen, bis sich der Zucker aufgelöst hat. Minzeblätter hinzufügen, Topf vom Herd nehmen, Deckel auflegen und alles 10 Minuten ziehen lassen. Dann den Deckel wieder abnehmen und die Mischung auf Zimmertemperatur abkühlen lassen.
4. Alles durch ein feinmaschiges Sieb gießen und die Minzeblätter und Limettenschalen mit einem Löffel gut ausdrücken. Limettensaft und Rum unterrühren. Die restlichen Minzeblätter fein hacken und ebenfalls dazugeben.
5. Die Eisformen mit dem Mix befüllen, die Stiele hineinstecken und dann für mindestens 8 Stunden ins Tiefkühlfach stellen (jedoch nicht länger als 1 Woche aufbewahren). Bei Eisformen ohne dazugehörige Stiele die Masse mindestens 45–60 Minuten gefrieren lassen, bevor man die Stiele hineinsteckt. Auf diese Weise verschieben sie sich nicht (siehe auch Seite 15).
6. Um das Eis aus der Form zu lösen, etwas warmes Wasser über die Form laufen lassen und vorsichtig am Stiel drehen.

PIÑA-COLADA-STIELEIS

Für 6–8 Stück

300 ml Ananassaft

100 ml Kokosmilch

3 EL weißer Rum

3 EL Puderzucker

1. Alle Zutaten in einer Schüssel verrühren.
2. Die Eisformen mit der Flüssigkeit befüllen, Stiele hineinstecken und dann für mindestens 8 Stunden ins Tiefkühlfach stellen (jedoch nicht länger als 1 Woche aufbewahren). Bei Eisformen ohne dazugehörige Stiele die Masse mindestens 45–60 Minuten gefrieren lassen, bevor man die Stiele hineinsteckt. Auf diese Weise verschieben sie sich nicht (siehe auch Seite 15).
3. Um das Eis aus der Form zu lösen, etwas warmes Wasser über die Form laufen lassen und vorsichtig am Stiel drehen.

ERDBEER-DAIQUIRI-STIELEIS

Für 6–8 Stück

300 g Erdbeeren (frisch oder aufgetaut)

100 ml Wasser

3 EL Zucker

3 EL weißer Rum

1. 3–4 Erdbeeren halbieren und beiseitelegen. Die restlichen Früchte mit Wasser, Zucker und Rum im Mixer pürieren, bis sich der Zucker vollständig aufgelöst hat. Das Püree durch ein feinmaschiges Sieb passieren.

2. Eine halbe Erdbeere in jede Eisform legen, diese bis zum Rand mit dem Erdbeerpüree befüllen und den Stiel hineinstecken. Die Formen für mindestens 8 Stunden ins Tiefkühlfach stellen (jedoch nicht länger als 1 Woche aufbewahren). Bei Eisformen ohne dazugehörige Stiele die Masse mindestens 45–60 Minuten gefrieren lassen, bevor man die Stiele hineinsteckt. Auf diese Weise verschieben sie sich nicht (siehe auch Seite 15).

3. Um das Eis aus der Form zu lösen, etwas warmes Wasser über die Form laufen lassen und vorsichtig am Stiel drehen.

TIPP!
Statt Erdbeeren kann man auch Himbeeren, Heidelbeeren, Schwarze Johannisbeeren oder eine Mango verwenden.

CAPPUCCINO-STIELEIS

Für 6–8 Stück

300 ml starker, warmer Kaffee oder Espresso

150 ml Vollmilch

3 EL Zucker

50 g Sahne

1 EL Puderzucker

1. Kaffee, Milch und Zucker in einer Schüssel verrühren, bis sich der Zucker aufgelöst hat.

2. Die Kaffeemischung auf die Eisformen verteilen und die Formen für 45 Minuten ins Tiefkühlfach stellen.

3. Die Sahne mit dem Puderzucker halb steif schlagen.

4. Die Schlagsahne in die Eisformen füllen und die Stiele hineinstecken. Die Formen für mindestens 6 Stunden ins Tiefkühlfach stellen (jedoch nicht länger als 1 Woche aufbewahren). Bei Eisformen ohne dazugehörige Stiele die Masse mindestens 45–60 Minuten gefrieren lassen, bevor man die Stiele hineinsteckt. Auf diese Weise verschieben sie sich nicht (siehe auch Seite 15).

5. Um das Eis aus der Form zu lösen, etwas warmes Wasser über die Form laufen lassen und vorsichtig am Stiel drehen.

SAUCEN UND GARNITUREN

EISWAFFELN UND WAFFELKÖRBCHEN

Für 6–8 Stück

2 Eiweiße

50 g Sahne

5 EL Butter

90 g Mehl

60 g Puderzucker

1 Prise Salz

1. Für Eiswaffeln benötigt man ein spezielles Waffeleisen.
2. Eiweiße und Sahne mit dem Handmixer verrühren.
3. Die Butter schmelzen.
4. Mehl, Puderzucker und Salz zur Eiweißmischung geben und gründlich unterrühren.
5. Butter unterrühren und Teig mindestens 10 Minuten quellen lassen.
6. Waffeleisen erhitzen, Waffeln backen, diese sofort zu Tüten rollen und in einem Glas stehend abkühlen lassen. Körbchen erhält man, wenn man die frisch gebackene Waffel über einem umgedrehten Glas abkühlen lässt. Waffeln sollten nicht länger als 1 Woche in einem verschlossenen Frischhaltebeutel oder einem verschließbaren Glas aufbewahrt werden.

KARAMELLISIERTE NÜSSE

200 g Nüsse (nach Belieben Haselnüsse, Mandeln, Pekannüsse, Pistazien, Pinienkerne, Macadamianusskerne)

50 g Puderzucker

1 TL Butter

1. Die Nüsse in einer trockenen Pfanne leicht anrösten, Puderzucker dazugeben und so lange rühren, bis sie mit einer goldbraunen Karamellschicht überzogen sind. Man kann auch zuerst den Zucker schmelzen, bis er goldbraun ist, und dann die Nussmischung hinzufügen.
2. Zum Schluss die Butter zu den Nüssen geben und gründlich unterrühren, damit die Nüsse nicht mehr zusammenkleben.
3. Die karamellisierten Nüsse in einem luftdicht verschließbaren Glasbehältnis aufbewahren.

EINGELEGTE BEEREN

300 g Beeren (nach Belieben Erdbeeren, Himbeeren, Heidelbeeren, Schwarze Johannisbeeren, Brombeeren)

85 g Zucker

1 EL Glukosepulver (nach Belieben)

100 ml Wasser

1. Die Beerenmischung in ein sauberes Schraubglas geben.
2. Zucker, Glukosepulver und Wasser aufkochen lassen, damit Läuterzucker entsteht.
3. Die kochende Flüssigkeit über die Beeren gießen und das Glas sofort mit dem Schraubdeckel verschließen. Die Beeren mindestens 24 Stunden ziehen lassen.

BEERENKOMPOTT

500 g Beeren (Erdbeeren, Himbeeren, Heidelbeeren, Schwarze Johannisbeeren, Preiselbeeren, Brombeeren)

210 g Zucker

Saft von 1 unbehandelten Zitrone

1. Alle Zutaten in einen Topf geben und aufkochen lassen. Die Beeren etwa 5 Minuten köcheln lassen, dann die Tellerprobe machen: Dazu etwas Kompott auf einen kalten Teller geben und abkühlen lassen. Die Masse soll nicht mehr auseinanderfließen, sondern bereits eingedickt sein.
2. Das noch warme Kompott in ein sauberes Schraubglas füllen, das Glas mit dem Deckel verschließen und gestürzt abkühlen lassen. Das Kompott im Kühlschrank aufbewahren.

BEERENSAUCE

400 g Beeren (Erdbeeren, Himbeeren, Heidelbeeren, Schwarze Johannisbeeren, Preiselbeeren, Brombeeren)

60 g Puderzucker

1 TL Vanillezucker

Zitronensaft nach Belieben

1. Die Beeren mit Puderzucker und Vanillezucker im Mixer pürieren.
2. Das Püree durch ein feinmaschiges Sieb passieren und die Sauce nach Belieben mit Zitronensaft abschmecken.

KARAMELLSAUCE

85 g Zucker

1 Prise Salz

1 TL Vanillezucker

3 EL Wasser

100 g Sahne

1. Zucker, Salz, Vanillezucker und Wasser in eine Pfanne oder einen Topf mit dickem Boden geben und unter Rühren erhitzen, bis eine goldbraune Karamellmasse entsteht. Die Hälfte der Sahne angießen und alles zu einer glatten Sauce verrühren. Die restliche Sahne dazugeben und das Ganze aufkochen lassen.
2. Die Sauce schmeckt am besten, wenn sie warm serviert wird. Sie kann in einem fest verschlossenen Behältnis bis zu 1 Woche im Kühlschrank aufbewahrt werden.

KAKAOSAUCE

2 Eigelbe

85 g Zucker

300 ml Vollmilch

2 EL ungesüßtes Kakaopulver

1. Eigelbe und Zucker in einer Rührschüssel schaumig schlagen. Milch und Kakaopulver hinzufügen.
2. Die Mischung in einen Topf geben und aufkochen lassen.
3. Die Sauce schmeckt am besten, wenn sie gekühlt serviert wird.

DUNKLE SCHOKOLADENSAUCE

300 g Kochsahne (15 % Fettgehalt)

1 EL Maisstärke

300 g Zartbitterschokolade, gerieben (mindestens 50 % Kakaogehalt)

1. Sahne und Maisstärke in einen Topf geben und bei mittlerer Hitze mit dem Schneebesen zu einer glatten Sauce verrühren.
2. Den Topf vom Herd nehmen, die Schokolade hinzugeben und verrühren, bis sie vollständig geschmolzen ist.
3. Die Sauce schmeckt am besten, wenn sie warm serviert wird.

HELLE SCHOKOLADENSAUCE

200 ml Vollmilch

2 TL Vanillezucker

60 g Vollmilchschokolade, gerieben

30 g Zartbitterschokolade, gerieben

2 Eigelbe

2 EL Puderzucker

1 TL Maisstärke

1. Milch und Vanillezucker in einen Topf geben und bei mittlerer Hitze kurz erwärmen, damit sich der Zucker auflöst. Topf vom Herd nehmen, Schokolade hinzufügen und unter ständigem Rühren schmelzen lassen.
2. Eigelbe und Puderzucker in einer Rührschüssel schaumig schlagen, Maisstärke untermischen.
3. Die Eicreme zur Schokomilch geben und alles unter ständigem Rühren bis knapp unter dem Siedepunkt erhitzen, jedoch nicht kochen lassen. Sauce etwas abkühlen lassen, warm serviert, schmeckt sie am besten.

WEISSE SCHOKOLADENSAUCE

1 Vanilleschote

200 g Sahne

2 EL Puderzucker

150 g weiße Schokolade, gehackt

1. Die Vanilleschote längs aufschneiden und das Mark herausschaben. Beides in einen Topf geben und mit der Sahne und dem Puderzucker einige Minuten kochen lassen. Die Sahnemischung vom Herd nehmen, dann die Vanilleschote entfernen.
2. Die Schokolade in eine Schüssel geben und mit der noch warmen Flüssigkeit übergießen. Alles gut verrühren, bis eine glatte Sauce entsteht.
3. Lauwarm serviert, schmeckt diese Sauce am besten.

REZEPTREGISTER

Originaltitel:
Glass – frysta favoriter för alla smaker
ISBN 978-91-86287-28-3

Fotos: Eliq Maranik und Stefan Lindström,
mit Ausnahme von
Seite 4, 7, 12, 17, 18, 23: www.istockphoto.com;
Seite 8, 24: www.shutterstock.com
Creative Director: Stefan Lindström
Art Director: Eliq Maranik
Grafische Gestaltung: Eliq Maranik und
Alan Maranik/Stevali Production
Redaktion: Eva Stjerne Ord & Form

Sonderausgabe

Übersetzung: Anne Görblich-Baier für
bookwise GmbH, München
Satz und Redaktion: Gisela Witt für bookwise
GmbH, München
Coverdesign: Simone Sticker
Coverfotografien: Eliq Maranik und Stefan
Lindström

Gesamtherstellung: h.f.ullmann publishing GmbH,
Potsdam

MIX
Aus verantwortungs-
vollen Quellen
FSC® C106954

Printed in Slovenia, 2016
ISBN 978-3-8480-0310-5

10 9 8 7 6 5 4 3
X IX VIII VII VI V IV III II I

www.ullmann-publishing.com
newsletter@ullmann-publishing.com
facebook.com/hfullmann
twitter.com/hfullmann

In dieser Reihe:

978-3-8480-0014-2

978-3-8480-0576-5

978-3-8480-0382-2

978-3-8480-0409-6